Franz Falk

Die deutschen Sterbebüchlein

Von der ältesten Zeit des Buchdruckes bis zum jahre 1520

Franz Falk

Die deutschen Sterbebüchlein
Von der ältesten Zeit des Buchdruckes bis zum jahre 1520

ISBN/EAN: 9783743490888

Hergestellt in Europa, USA, Kanada, Australien, Japan

Cover: Foto ©ninafisch / pixelio.de

Manufactured and distributed by brebook publishing software
(www.brebook.com)

Franz Falk

Die deutschen Sterbebüchlein

Die deutschen Sterbebüchlein

von der

ältesten Zeit des Buchdruckes bis zum Jahre 1520.

Von

Dr. Franz Falk.

— ·•· —

Mit 9 Facsimiles.

Köln, 1890.

Druck und Commissions-Verlag von J. P. Bachem.

Dem Andenken

meines großen Landsmannes

Johann Gutenberg

von Mainz

bei der 450jährigen Gedenkfeier

der

Erfindung der Buchdruckerkunst.

Vorwort.

Schon in den einleitenden Worten zu den 1889 erschienenen „Meß= auslegungen" konnte ich mit einiger Bestimmtheit zusagen, daß die deutschen „Sterbebüchlein" in gleicher Bearbeitung folgen würden. Die= selben, frühzeitig und in ansehnlicher Zahl gedruckt, liegen nunmehr hier bearbeitet vor. Weil dabei die engsten Grenzen zu ziehen waren, indem nur die unmittelbar auf ein gottseliges Sterben vorbereitenden deutschen Schriften zur Aufnahme gelangen sollten, mußte eine Reihe eben so interessanter Stücke ausgeschlossen bleiben, obgleich sie in sehr naher Beziehung zu unserm Gegenstande stehen, wie die Mementomori=Bilder, die Todtentänze, die Todtenlieder, die Klagen gegen den Tod und dessen Klagen gegen die Menschen. Ausnahmsweise berührte ich hier und da dergleichen, um dem Leser Andeutung zu geben, welcher interessante Stoff in dieser Hinsicht, leider seither nur bibliographisch aufgezählt, vorliegt.

In keiner Schrift aus der Zeit der Wiegendrucke leuchtet, neben dem leichten Sinne, wie er zu allen Zeiten, so auch damals herrschte, so sehr religiöse Tiefe und frommer Ernst hervor, keine Schrift zeugt so sehr vom Seeleneifer des guten Theiles der Priesterschaft jener Tage, als das Sterbebüchlein in seiner mannigfachen Gestaltung und in seiner häufigen Auflage. Es fällt nicht leicht für den der Allwissenheit und Allgerechtigkeit entbehrenden Menschengeist, über den sittlichen Gehalt eines bestimmten Zeitabschnittes ein Urtheil zu fällen; zugegeben, daß der hier in's Auge gefaßte Zeitraum hinter andern zurücksteht, dann dürfen wir auf Grund der hier behandelten Sterbebüchlein uns sagen, daß zwar die Sünde geherrscht, aber nicht ohne Glaube, Hoffnung und Buße, während Sünde und kein Bußgeist die betrübende Signatur anderer Zeitabschnitte bleibt.

Die von mir wiederholt sehr in Anspruch genommenen großen Büchereien Deutschland's haben mir wieder ihr früheres Entgegenkommen bewiesen, wofür hier mein Dank, so vor allem Berlin, Dresden, St. Gallen, Göttingen, Heidelberg, Mainz, Maihingen und München.

Klein-Winternheim bei Mainz.

Falk.

*

Die vollständigen Titel der am häufigsten und nur nach Verfasser und Schlagworten angezogenen Hülfsmittel lauten:

Bruns, P. J., Beiträge zur kritischen Bearbeitung alter Handschriften, Drucke und Urkunden. Braunschw. 1802.

Dutuit, E., Manuel de l'amateur d'estampes. Paris 1884.

Ebert, F. A., Allgemeines Bibliographisches Lexicon. Leipzig 1821.

Geffcken, J., Der Bilderkatechismus des fünfzehnten Jahrhunderts. Leipzig 1855.

Götze, L., Aeltere Geschichte der Buchdruckerkunst in Magdeburg. Daj. 1872.

Hain, L., Repertorium bibliographicum. Stuttg. 1826—38.

Hasak, V., Der christliche Glaube des deutschen Volkes beim Schlusse des Mittelalters. Regensburg 1868.

Huttler, M., Ars moriendi das ist Die Kunst zu sterben. Nach Handschriften und Drucken des 15. Jahrhunderts bearbeitet. Augsb. 1878.

Klemm, Beschreibender Katalog des Bibliograph. Museums von H. Klemm. Dresden 1884.

Panzer, G. W., Annalen der ältern deutschen Litteratur. Nürnb. 1788, Leipzig 1802.
— Aelteste Buchdruckergeschichte Nürnbergs (bis 1500). Daj. 1789.

Weigel und Zestermann, Ad., Die Anfänge der Druckerkunst in Bild und Schrift. Leipzig 1866. 2. Bd.

Weller, E., Repertorium. Nördling 1864; Suppl. 1: 1874; Suppl. 2: 1888.

Zapf, G. W., Augsburgs Buchdruckergeschichte (1468—1500). Augsburg 1786. 1791.
— Aelteste Buchdruckergeschichte Schwabens. Ulm 1791.

Inhalts-Uebersicht.

Beilagen.

A. Die Kunst, zu sterben, Ars moriendi, in der ursprünglichen Gestalt.

Der Kunst, mit beweglichen Lettern (Typen) Bücher zu drucken (Typographie), wie sie Johann Gutenberg von Mainz erfunden, ging die Zeit des Tafel-, Holztafeldruckes vorher (Xylographie).

Die längst vorhandene, aller Wahrscheinlichkeit nach in süddeutschen Klöstern aufgekommene Fertigkeit [1]), irgend ein Bild, besonders das eines Heiligen, zum Zwecke des Abdruckes und der Vervielfältigung für das Bedürfniß des gläubigen Volkes in Holz oder Metall zu schneiden, ging bald dazu über, dem Bilde die eine oder die andere Zeile Text beizufügen, und schließlich wußte man ganze Seiten Text auf Tafeln zu schneiden. Es gab ganze Bücher, welche durch Holztafeldruck hergestellt wurden (Holztafelbücher, xylographische Drucke, Blockbücher).

Keiner religiösen Idee kam die xylographische, wie später die typographische Kunst von Anfang an und im Laufe ihres Fortschreitens mehr zu statten, als der Ars moriendi, der Kunst, zu sterben, d. i. dem Buche, welches den Gläubigen zu einer glückseligen Sterbestunde in christlichem Sinne verhelfen will, sei es durch Bild oder Wort, sei es durch beides zugleich. Doch kamen die erwähnten Künste neben dem Sterbebüchlein andern Büchern der Andacht zu gute, dem Beichtspiegel, dem Heilsspiegel, der Armenbibel [2]) u. s. w. In dieser Hinsicht verdienen die Worte des angesehenen Kunstschriftstellers Prof. Dr. Karl von Lützow aus seiner eben erscheinenden Geschichte des deutschen Kupferstiches und Holzschnittes (1889), Seite 8, hier eine Wiederholung:

---

[1]) Vgl. Falk, Der älteste Formschnitt in seiner Beziehung zur Kirche, in „Zeitschr. für christl. Kunst". 1889. S. 229.

[2]) Vgl. Streber, Biblia pauperum im Kirchenlexicon, 2. Aufl. II, 776; Bulletino di archeologia cristiana, 5. Jahrg. der 4. Serie (1889) kommt auf das hohe Alter der biblia pauperum zu sprechen.

„Was von dem einzelnen Bilde gesagt ist, das gilt dann in gleichem Umfange von der Buch=Illustration. Auch sie dient zunächst fast aus= schließlich religiösen Zwecken. Die Andachtsbücher, die „Armenbibel", der „Heilsspiegel", der „Beichtspiegel", „der Seele Trost", das „Evan= gelienbuch", die „Apokalypse" u. a., sind aneinander geheftete Reihen von Holztafeldrucken, sog. Blockbücher, deren Bildern zum bessern Ver= ständniß einige Zeilen Text in Prosa oder Versen unten angefügt zu sein pflegen. Nicht zur Augenweide, sondern zur Belehrung und zur Kräftigung des Glaubens an die Wahrheiten des Christenthums wurden diese Bilderbücher hergestellt. Das Bild ist ein Werkzeug der reli= giösen Volkslitteratur."

Dieser Anschauung von dem Bilde als einem Mittel zur religiösen Belehrung, zunächst für die des Lesens der Bücher Unkundigen, begegnen wir das ganze Mittelalter hindurch. Es ist bewußter, formell ausge= sprochener Grundsatz dieser Zeit, durch das Bild, durch die bildliche Darstellung, durch Zeichnung und Malerei dem Volke das Verständniß religiöser Wahrheiten zu vermitteln, damit auch zu lehren.

Im „Wälschen Gast" belehret der friaulische Edelmann Thomasin von Zirclaria um 1216 also:

Vers 1093 swer (wer) schriben kan, der sol schriben;
swer mâlen kan, der sol belîben

1095 ouch dâmit; ein ieglicher sol
tuon, daz (was) er kan tuon wol.
Von dem gemalten bilde sint
der gebûre und daz kint
gevreuwet oft¹); swer niht entkan

1100 verstên, swaz ein biderb man
an der schrift verstên sol,
dem si mit den bilden wol.
Der pfaffe sehe die schrift an,
sô sol der ungelêrte man

1105 die bilde sehen, sît im nit (da ihm nicht)
die schrift zerkennen geschiht. ²)

Noch weiter zurück finden wir eine klassische Stelle in dem Briefe Gregor's des Großen (590—604) an Bischof Serenius von Marseille: „Deshalb wendet man in den Kirchen Malerei an, damit die, welche

---

¹) sind Bauer und Kind erfreuet oft.
²) Biblioth. der Nationallitterat. Quedlinb. 1852. Bd. 30, S. 30.

3

die Buchstaben nicht verstehen, wenigstens auf den Wänden durch das Sehen lesen, was sie in Büchern zu lesen nicht vermögen" [1).

„Malerei ist wie eine Art Belehrung für den Ungelehrten, pictura est quaedam literatura illiterato," sagt Walafried Strabo (gest. 849), ein Schüler des gelehrten Rabanus Maurus.

Doch kehren wir zur Ars moriendi zurück. Was ist sie, des Nähern betrachtet?

Die „Kunst, zu sterben" besteht anfänglich aus 24 Blättern, wovon elf auf die Bilder, elf auf den zu jedem Bilde gehörigen Text, zwei auf die Vorrede kommen. Auf diesen Bildern sehen wir den Sterbenden als Mittelpunkt der Darstellung; er liegt, wie immer auf Bildern jener Zeit, unbekleidet, jedoch genugsam bedeckt, auf seinem Schmerzenslager; es treten an ihn heran verschiedene Versuchungen, tentationes, vorgestellt durch Teufel (Hundsgestalten, Höllenhund, mit Vogelköpfen u. dgl.), die von ihnen ausgehenden Versuchungen sind durch kurze Sätze ausgedrückt, welche auf Spruchbändern stehen; eine Seite Text erläutert ausführlich die einzelne Versuchung. Es nahen aber auch die guten Geister, die Engel, welche den bösen Gedanken gute entgegensetzen; diese Einsprechungen, inspirationes, sind in gleicher Weise vorgestellt. Der Versuchungen gibt es fünf: Unglaube in Betreff der fides; Verzweiflung, desperatio; Ungeduld, impatientia; eitle Ehre, vana gloria; Geiz (thörichte Sorge für Irdisches), avaritia. Danach ordnet sich das Ganze in folgender Weise.

Blatt 1 und 2: Vorrede; die Sterbestunde ist wichtig, und ein großer Liebesdienst besteht darin, Sterbenden beizustehen, daß sie christlich sterben. Belege dafür geben die Bibel, die Schriften der hl. Väter, kirchlicher Schriftsteller, zumal Gerson's, auch der natürlichen Meister (d. i. heidnische Weltweise).

Bild 1. Die Teufel versuchen zum Unglauben: fac ut pagani, die Heiden glauben recht.

Bild 2. Die Engel bestärken im Glauben, sis firmus in fide, die Teufel entweichen.

Bild 3. Scene der Verzweiflung; welche Sünde hast du begangen: gemordet, falsch geschworen! du gehst verloren.

Bild 4. Verzweifle nicht, sagen die Engel, gerade für die Sünder ist Christus gekommen, denk' an den guten Schächer, an Pauli Bekehrung.

[1) Idcirco enim pictura in ecclesiis adhibetur, ut hi qui litteras nesciunt, saltem in parietibus videndo legant, quae legere in codicibus non valent. — Guil. Durandus († 1296): Sic dictae picturae et imagines loco scripturae et testimonii habeantur, ut per eas ad devotionem et cognitionum rerum gestarum cernentes excitentur. De modo celebrandi concil. gener. p. 2, rubr. 51.

Bild 5. Bild der Ungeduld; der Kranke stößt mit dem Fuße nach dem Aufwärter, ein Tisch liegt um.

Bild 6. Die Geduld im Leiden reinigt wie ein Fegefeuer von Strafen, reden die Engel ein.

Bild 7. Die Teufel reichen Kronen dar, welche die Verdienste vor= stellen, damit der Sieche an eitlem Ruhm zu Grunde gehe.

Bild 8. Sei demüthig und schreibe es Gott zu, wenn du in Tugenden dich bewähret hast.

Bild 9. Hab' Sorge um Freunde und Vermögen, intende amicis — thesauro; man sieht Keller, Stallung und Speicher gefüllt.

Bild 10. Kümmere dich nicht um Irdisches; selig die Armen im Geiste.

Bild 11. Sterbescene; der Kranke hält die Sterbekerze; Engel und Heilige nahen; Christus nimmt die Seele in Gestalt eines Kindchens entgegen [1].

Gewiß konnte diese Bilderreihe nebst Erläuterung nicht ohne tiefen Eindruck auf das Gemüth des Beschauenden bleiben. Wie richtig der Ton getroffen war, ergibt sich aus der Thatsache, daß die Bilder und ihr Text in ihrer allerersten Form über ein Jahrhundert zur Grundlage für ähnliche Schriften dienten.

„Es kann nicht bezweifelt werden," sagt der Bibliograph Butsch, „daß das Schriftchen (es ist zunächst die später zur Sprache kommende Miniatur=Ausgabe gemeint) seiner Zeit von Epoche machender Wirkung gewesen ist; denn es gibt kein Werk, das mit Erfindung der Holzschneide= kunst so oftmals und mannigfach vervielfältigt worden ist, wie die Ars moriendi. Der Urtext war, wie bei den meisten Werken der mittelalter= lichen Ascese, lateinisch, und wurde später in's Deutsche, Holländische, Englische, Französische und Italienische übersetzt" [2].

In der Ars moriendi lassen sich einzelne Phasen der Ausbildung feststellen; man hatte Ausgaben der Bilder ohne Text [3], dann kamen Bilder mit handschriftlichem Texte in lateinischer Sprache; darauf trat der xylographische Text hinzu. Als man daran dachte, weitern Kreisen das Bild noch mehr verständlich zu machen, füllte man die Zettel der Sprüche der bösen wie guten Engel mit deutschen Worten, während der Text noch lateinisch blieb, bis auch dieser in deutscher Uebertragung mitfolgte.

Noch in anderer Weise mußte die Ars ihre Wandlungen durch= machen. Zuerst wurden die Abdrucke der Bilder wie Texte so hergestellt,

[1] Beschreibung der Ars in Bodemann, Incunabeln zu Hannover.
[2] Vorrede zur Facsimile-Ausgabe der kleinen Ars zu Donaueschingen. Siehe unten.
[3] Dutuit p. 65: Suites d'estampes sans texto.

Sterbescene nach dem Dresbener Exemplar der Ars moriendi.

daß auf je ein (einseitig bedrucktes) Bild eine (einseitig bedruckte) Text=
seite kam; später klebte man je zwei Blätter mit den leeren Seiten auf=
einander und machte so ein einziges Blatt daraus. Noch geraume Zeit
nach Erfindung der Typographie wurde die Ars xylographisch hergestellt.
Wir kommen zu den schwierigen Fragen: wem verdanken wir den
Text? wer hat die Bilder componirt? in welchem Verhältnisse stehen Text
und Bild, ging das Bild dem Texte vorher? Nur zum Theile lassen
sich diese Fragen beantworten.

Was den Zeichner der Bilder betrifft, so kündigte 1888 der
Assistent am Dresdener Kupferstichcabinet, Herr Dr. M. Lehrs an, er
werde den Beweis erbringen, daß alle xylographischen Ausgaben ver=
größerte und vergröberte Copien nach den Stichen des Meisters E S[1])
sind, daß e r der Erfinder der Compositionen und s e i n e Ausgabe somit
die seit einem Jahrhundert vergeblich gesuchte e r s t e und ä l t e s t e Ars
moriendi sei[2]).

„Der Erfinder der 11 Compositionen ist der Meister E S Seine
Ars moriendi befindet sich complet in Oxford (ein Blatt in Berlin, eins
in London, eins in Wolfegg); nach dem Meister E S copirte die Ars
moriendi um 1450 der Meister des hl. Erasmus (complet in Wien
Hofbibl. und in Köln, Stadtarchiv) und ebenso ist die Editio princeps
der xylographischen Ausgabe, als welche die im britischen Museum aus
der Sammlung Weigel zu gelten hat, nach i h m copirt. Letztere diente
dann allen xylographischen und typographischen Ausgaben zum Vorbilde,"
schrieb mir Herr Dr. Lehrs weiter erläuternd[3]) und fügt bei, die Com=
positionen seien nicht kölnisch oder niederrheinisch, sondern oberrheinisch.
Die gestochene Ausgabe des Kölner Stadtarchivs hat handschriftlichen
Text u. s. w.

Außerdem sei hier erwähnt, daß A. v. Wurzbach nachzuweisen
sucht, daß der unbekannte Meister E S vom Jahre 1466 (Engelweihe=
bild von Einsiedeln) höchst wahrscheinlich E r w e i n vom S t e g e geheißen
habe und vor 1460 Münzmeister des Kaisers Friedrich III. in Wiener=
Neustadt gewesen sei[4]).

---

[1]) So, nach seinem Monogramm, bezeichnet man einen dem Namen nach nicht festge=
stellten bedeutenden Formschneider jener Zeit.

[2]) Repertorium für Kunstwissenschaft, red. v. Janitschek (1888), XI, 52.

[3]) Die versprochene Arbeit wird unter dem Titel: „Der Künstler der Ars moriendi
und die wahre erste Ausgabe derselben" im Jahrbuch der Preuß. Kunstsammlungen er=
scheinen.

[4]) Lützow's Zeitschr. für bildende Kunst 1884, Heft 4, S. 124; vgl. dagegen Chytil
in derselben Zeitschr., Heft 7, S. 238. Janssen, Gesch. des deutschen Volkes I, 209.
Anm. der 15. Auflage.

Was die Entstehung im Allgemeinen betrifft, so äußert sich das große Werk von Weigel und Zestermann über die Anfänge der Druckerkunst in Bild und Schrift dahin (Seite 5), daß die Ars wohl zwischen 1400—1419 entstanden sei, weil die Vorrede des Kanzlers von Paris, des Johann Gerson, gedenke, welcher 1419 die Kanzlerwürde niedergelegt hatte [1]).

Der Bibliograph Butsch meint, die Ars moriendi verdanke zweifellos ihre Entstehung den zu dieser Zeit (15. Jahrhundert) häufig herrschenden Epidemien und den in deren Folge stets gewesenen großen Sterbens=läuften. Furcht und Schrecken vor dem Tode dürfe also die Hauptan=wartschaft auf die Entstehung eines Büchleins haben, dessen eigentlicher Autor niemals bekannt geworden ist. Was die nähere Zeit der Ent=stehung betrifft, so sei solche mit ziemlicher Sicherheit zwischen 1412 und 1420 zu setzen, wegen der Berufung auf den Cancellarium Parisiensem, womit Gerson gemeint ist. Die größern vielblätterigen Producte der Xylographie begannen erst um 1450 zu erscheinen; Costüme, tech=nische Ausführung und Text lieferten fast immer unumstößliche Beweise hierfür.

Somit sehen sich die Nachforschungen nach der Urheberschaft und der Entstehungszeit dieses wichtigen Volksbuchs einigermaßen von Erfolg begleitet. Die Frage wird uns unten bei Gerson nochmals beschäftigen und weiter geklärt werden.

Obwohl den breiten Schichten des Volkes das Verständniß selbst der lateinischen Ars moriendi [2]) nicht abgehen konnte, weil ja das Jedem verständliche Bild deutlich genug zur Seele des Beschauers sprach, so sei doch hier von den ganz lateinischen Ausgaben [3]) abgesehen. Wir wenden uns der Aufzählung und Beschreibung jener Ausgaben zu, welche ent=weder auf den Spruchzetteln oder im Texte deutsch sind.

---

[1]) Ich möchte noch aufmerksam machen, daß auf Kirchen=, Kreuzgang= u. s. w. Wänden die Darstellungen der Ars nicht vorkommen; die Bilder kamen auf, als der Holzschnitt in vollem Gange war. Dutuit p. 29—60 dürfte die jüngste und beste Zusammenstellung der Xylographien, auch der Ars moriendi, bieten; die Münchener Exemplare der Ars behandelt Maßmann, Die Xylographa der Staats= u. Univ.=Bibl. Leipz. 1841.

[2]) Dutuit p. 44; Heinecken II, 212; Ebert 1251, Nr. VI.

[3]) Eben taucht wieder das Bruchstück (9 Blätter) einer sehr frühen weder von Weigel=Zestermann noch Heinecken beschriebenen Ausgabe auf, alle Blätter auf einer Seite mit dem Reiber in bräunlicher Farbe gedruckt, hochquart; 22,4 × 17,1 cm. Oswald Weigel, Antiquar. in Leipzig.

1. Die Kunst, zu sterben, mit deutschen Spruchzetteln.

Die Büchersammlung zu Wolfenbüttel bewahrt ein, und dazu ein=
ziges, Exemplar, in welchem Vorrede und Text noch in lateinischer, die
Sprüche auf den Zetteln der Bilder bereits in deutscher Sprache gegeben
sind. So lesen wir auf Bild 1:

> O es ist kein höll.
> Die Haiden glauben recht.
> tobte dich selber.

Von der ganzen Auflage, deren Größe wir allerdings nicht zu be=
stimmen vermögen, wußte sich also nur dieser einzige Zeuge zu retten,
was auch von der folgenden Nummer gilt.

2. Die Kunst, zu sterben, von Hans Sporer. 1473.

Diese von Hans Sporer, Briefmaler (wie er sich nennt), gefertigte
Ausgabe zählt 24 Blätter in Klein=Folio=Format; sie sind nur auf einer
Seite des Papiers bedruckt[1]). Die Vorrede beginnt: Dieweil nach der
lere des natürlichen meister u. s. w., nämlich des Aristoteles im dritten
Buche der Ethik.

Auf dem letzten Blatte nennt sich der Xylograph:

hans sporer	hat disz puch (gemacht)
1473	prieff moler

Dieser Hans Sporer, von welchem man eine zweite Xylographie
kennt, nämlich den Antichrist mit den fünfzehn Zeichen[2]), begegnet als
Drucker in Bamberg 1487—1493, als „Hans Buchdrucker von Nürn=
berg" 1495, als „Meister Hans Sporer" zu Erfurt 1515—1522[3]).

Von dieser Sporer'schen Ausgabe kennt man nur noch ein einziges
Exemplar, nämlich in der Bibliothek zu Zwickau.

3. Die Kunst, zu sterben, von Ludwig zu Ulm.

Diese Ausgabe zählt 24 Blätter in Klein=Folio=Format, die auf
einer Seite, jedoch nicht mit dem Reiber wie die vorige von Sporer,

---

[1]) Dutuit p. 48; Heineken, Nachr. II, 215. — [2]) Hier lautet die Unterschrift:
Der . . . hannsz prieff maler hat das puch 1472. — [3]) Weller S. 474 zu Sporer,
Hans, in Erfurt.

sonbern mit ber Preſſe gebrudt ſinb [1]). Auf ber Kehrſeite bes 23. Blattes nennt ſich ber Anfertiger:

ludwig ze vlm,

worunter bie Bibliographen zum großen Theil ben 1469—1501 zu Ulm thätig geweſenen Ludwig Hohenwang verſtehen wollen [2]). In einer eigenen Schrift hat Butſch nachgewieſen, baß bies burchaus nicht feſtſtehe, baß Hohenwang in Augsburg unb nicht in Ulm bructe, woſelbſt bamals ein halbes Dutzenb Maler bes Namens Ludwig wohnte [3]).

Ludwig's Ars kann, was Erhaltung betrifft, mehr von Glück reben als bie anbern Ausgaben; man zählt noch brei gerettete Exemplare, nämlich zu Paris auf ber National=, zu München auf ber Hof= unb Staats=Bibliothek [4]), ſowie zu Mailand auf ber Brera, ehemals bem Grafen Pertuſati gehörig.

4. Die Kunſt, zu ſterben, ohne Namen des Druckers.

Die an alten unb ſeltenen Drucken ſo reiche Bibliothek zu München befitzt eine beutſche Ars von 13 einſeitig gebructen, aber aufgeklebten Blättern; das Exemplar iſt verletzt, baher viele Seiten unb Bilder nach= gezeichnet unb geſchrieben [5]).

Auf Blatt 3 Holzſchnitt leſen wir:

Verſuchung des tufels in dem geloben
So ferr unſer gelobe ain grundfeſti des gantzen bailes iſt,
on den gantz kainem menſchen kain hail geweſen mag u. ſ. w.

5. Die Kunſt, zu ſterben, in Miniatur=Ausgabe.

Die ſeither beſprochenen Ars=Ausgaben zeigen ſtattliches Format [6]), alle in Folio; es ſehlte aber im fünfzehnten Jahrhundert nicht an „Handbüchelchen“, beren Format erlaubte, ſie ſtets bei Hänben zu haben unb ſelbſt auf Reiſen mit ſich zu führen. Der Spiegel ber Chriſten= menſchen 1497 räth, baß ber Chriſtenmenſch bieſen Spiegel „gerne ſchal by

---

[1]) Die Vorrede beginnt: Wie wol nach ber lere bes natürlichen maiſter an bem briten buch ber gutten ſitten aller erſchrockenlichen binge ber tod bes libes iſt baz erſchrokenlichſt.
[2]) Haßler S. 53.
[3]) Butſch, L. Hohenwang, kein Ulmer, ſonbern ein Augsburger Buchbruder. München 1885; Panzer I, 4. 5.
[4]) Maßmann, Die Xylographa zu München S. 21; Dutuit p. 48.
[5]) Maßmann S. 20; Dutuit p. 48.
[6]) Die oben Seite 6 kurz erwähnte Editio princeps, ehemals bei Weigel, jetzt im britiſchen Muſeum, mißt 225 × 160 Millimeter, nach ber photographiſchen Copie.

suk bregen vor eyn hantboeken". Eine gleiche Handbüchlein=Ausgabe
von möglichst kleinem Formate erlebte auch unsere Ars.

Ein besonders günstiges Geschick waltete über diesem durch sein
Format so leicht dem Verluste ausgesetzten einzigen Büchlein. Der
jetzige Straßburger Bibliothekar, Herr Dr. Barack, vorher Bibliothekar
der Fürstenbergischen Büchersammlung zu Donaueschingen, fand in einem
Codex das Original in losen Blättern, welche nach vorgenommener
Zusammenfügung zu allem Glücke als Ganzes sich erwiesen. Das Büch=
lein besteht aus 13 Blättchen mit 11 Holzschnitten und 15 in Holz
geschnittenen Seiten Text; die Bildchen wie das Schriftfeld (mit Linien=
einfassung) messen nur 95 × 75 Millimeter. Wir geben anbei ein Fac=
simile des letzten Bildes (Ausscheiden der Seele des die Sterbekerze
haltenden Siechen) mit gegenüberstehendem xylographischen Texte.

Der Bibliograph Butsch veranstaltete 1874 eine vollständige Fac=
simile=Ausgabe, die uns einen erwünschten Einblick in das Büchlein
gestattet [1]). Der Herausgeber bemerkt, daß Bilder wie Text, letzterer
mit etwas alemannischer Färbung, auf Süd=Schwaben, vielleicht Ulm,
als Ort der Erzeugung hinweisen. Die technische Ausführung ist eine
befriedigende und verräth jedenfalls einen guten schwäbischen Meister,
der nach einem bessern Vorbilde gezeichnet und geschnitten hat. Die
Zeit der Entstehung mag in die 70er Jahre des 15. Jahrhunderts fallen.

Ueber Inhalt und Bild können wir uns kurz fassen; wir haben
ganz dieselben fünf Tentationen und fünf Inspirationen wie in der
gewöhnlichen Ars moriendi; der Text lehnt sich jedoch an das Speculum artis bene moriendi des Cardinals Caprauica [2]).

6. Die Kunst, zu sterben, erhalten in einem Fragmente.

Einen sichern Beweis von dem vielfachen Verluste, welcher die ersten
und ältesten Druckerzeugnisse, zumal die Ars, getroffen, erhalten wir in
dem Papiersetzen, welcher allein von einer gänzlich verlorenen Ausgabe
und Auflage einer deutschen Ars übrig geblieben ist. In der berühmten
Weigel'schen Sammlung zu Leipzig, jetzt in alle Welt zerstreut, befand
sich dieses Fragment, etwa der dritte Theil eines Blattes. Der Dialect

---

[1]) Lithographisches Facsimile der in der Fürstenberg'schen Hofbibliothek zu Donau=
eschingen verwahrten, in einem einzigen Exemplar bekannten deutschen Ausgabe der Ars moriendi mit xylographischem Text, herausgeg. von A. F. Butsch, Augsb. 1874; nur in
100 Exemplaren gedruckt. Text in Huttler S. 72.

[2]) Das Exemplar der Ars des Prinzen Mich. Galizin (Dutuit p. 50) wird mit
diesem Fürstenberg'schen identisch sein, wonach der Titel bei Butsch (einziges Exemplar!) zu
bessern wäre.

12

ist oberdeutsch, z. B. nit für nicht, trucken für drucken. Weigel gibt
ein Facsimile davon (Nr. 234)[1]).

Demnach haben sich von den verschiedenen Ausgaben und Auflagen
der Ars viele Exemplare nicht erhalten. Wie stark überhaupt eine Auf=
lage gewesen sein mag, darüber besitzen wir kaum eine Andeutung.

„Wie viele Ausgaben aber verloren, vernichtet und sonst zu Grunde
gegangen sind, ist natürlich nicht zu ermitteln. Die uns erhaltenen
haben alle mehr oder weniger Anspruch auf künstlerische Ausführung,"
sagt mit Recht der mehrfach genannte Bibliograph Butsch in der schon
citirten Vorrede. Er fährt fort: „Alle die vielen Ausgaben aber sind
von großer Seltenheit, und sind im Besitze von Bibliotheken, Sammlern
wie Händlern stets Juwelen."

Wie Adam Walasser die große Meßauslegung (von 1486) im Jahre
1575 auf's neue in guter Ausstattung herausgab[2]), so hatte er es schon
vorher 1569 und 1572[3]) mit der alten „Kunst wol zu sterben" gemacht.
In einem Klein=Octav=Band von 310 Blättern reihte er im zweiten Theile,
welcher von den Versuchungen des Teufels handelt, die Versuchungen
des Teufels ein mit den Hauptgedanken aus der Ars moriendi, ja, wir
begegnen alten Bekannten, den Bildern von der Ungebuld, von dem
Geize, der eitlen Ehre u. s. w. Doch kommt den Bildern nur geringer
Werth zu.

Wiederholt wurde dieser Walasser gedruckt, nämlich 1579, 1595
und 1603 zu Dillingen, 1688 zu Sulzbach[4]).

Welches Interesse die Ars moriendi heute noch nach mehrfacher
Richtung findet, ergibt sich aus folgenden Notizen.

Die erwähnte Editio princeps aus der T. O. Weigel'schen Samm=
lung wird in der Liste der am 27. Mai 1872 stattgefundenen Ver=
steigerung eben dieser Sammlung S. 106 als Meisterwerk der Xylo=
graphie von wunderbarer Schönheit bezeichnet (um 1450). Leider blieb
dieses Juwel dem deutschen Vaterlande nicht erhalten, es wanderte um
21450 Mark nach London in's britische Museum. Von dem Originale
ließ schon 1869 Weigel eine photographische Copie herstellen, 24 Tafeln

---

[1]) Das Fragment läßt in seiner ursprünglichen Höhe (220 Millim.) sich noch erkennen;
das Fragment ist oben 30, unten 110 Millim. breit; es kam um 30 Mark bei der Ver=
steigerung der Sammlung weg.
[2]) Falk, Die deutschen Meßauslegungen S. 8; im J. 1589 gab Walasser diese Meß=
auslegung nochmals heraus; ein Exemplar davon besitzt die Stadtbibliothek zu Mainz.
[3]) Die Vorrede dieser Ausgabe trägt die Unterschrift: Datum Tilingen, am Sonntag
Reminiscere 1569, wovon ein Exemplar auch in der vaticanischen Bibliothek. — [4]) Dutuit
p. 58.

in Lichtdruck; Ladenpreis der nur in 100 Exemplaren erfolgten Aus=
gabe 60 Mark[1]). Erwähnt sei, daß 1878 in Huttler's Verlag zu Augsburg erschien:
Ars moriendi, d. i. die Kunst, zu sterben. Nach Handschriften und
Drucken des 15. Jahrhunderts bearbeitet.

Der vorstehende Abschnitt beschäftigte sich mit der Ars moriendi
in ihrer ersten, ursprünglichen Gestalt. Wir werden ihr in etwas ver=
änderter Art wieder begegnen. Was den Text, zunächst den der Vor=
rede, betrifft, so beginnt er in der lateinischen Ausgabe: Quamvis
secundum philosophum tercio Ethicorum, in der deutschen: Die weil
nach der lere des natürlichen meister im 3. Buche u. s. w. Beginnt
der Text jedoch: Cum de presentis exilii miseria mortis transitus,
deutsch: Syt dermal der gang des tods uß diſem gegenwertigen Elend,
u. s. w., so haben wir eine spätere Zeit der Ars, welche mit dem unten
zu behandelnden Caprauica zusammenhängt.

Die Kunst, zu sterben, in compendiöser Form.

Ein geschickter Kopf und Zeichner kann auf den Gedanken und zur
thatsächlichen Ausführung, den in fünf Doppelbildern der ursprünglichen
Ars ausgesprochenen Gedanken in einem einzigen Bilde in folgender
Weise zusammenzubrängen.

Im Mittelraume des Folioblattes liegt der Sterbende, zu Kopf
und zu Füßen je eine geistliche Person; im Raume über dem Sterbe=
bette schweben in einer Reihe fünf Engel hernieder, welche ihren
Zuspruch, Inspiratio angeli, auf einem Blatte dem Sterbenden entgegen=
halten, während in der untern Abtheilung des Blattes in gleicher Weise
Teufel ihre Tentationen auf Blättern in die Höhe halten, alles in
deutscher Sprache. Um richtige Ordnung zu wahren, dienen die Buch=
staben des Alphabets, zwei aufeinander folgende Buchstaben weisen auf
die jeweilige böse und gute Einsprechung. Diesem Blatte folgt ein
zweites vom Tode, eine Art Todtentanz, darauf ein Blatt mit dem
Gerichte, ein letztes mit dem Fegfeuer und der himmlischen Herrlichkeit.
Da ein eigentlicher Text nicht vorhanden zu sein scheint, so können wir
nicht gut von einem Buche reden, sondern eher von einem vielleicht zum
Aufkleben auf Flächen bestimmten Memento mori=Bild, oder genauer
von einer Darstellung der vier letzten Dinge. Insofern überschreite ich
hier den Rahmen meiner von den letzten Dingen absehenden Darstellung,
doch rechtfertigt diese ausnahmsweise Ueberschreitung sich dadurch, daß

[1]) Außerdem besorgten die Engländer eine Ausgabe, die ich nur dem Titel nach kenne:
Ars mor.: editio princeps. Reproduction of the copy in the brit. mus., ed. by
Rylands, with an introduction by Bullen. London, Holbein Society 1681. 12 M.

das erste der vier Dinge, der Tod, in allzu enger Beziehung zu der ursprünglichen Ars steht.

Weiterer Beschreibung überhebt mich das wohlgelungene Facsimile, in Verkleinerung angefertigt nach Weigel S. 22 [1]). In Weigel's Sammlung kamen nur zwei Blätter vor; in Paris (Nationalbibliothek) finden sich die vier Blätter; sonst kennt man kein Bild, kein Fragment dieses interessanten Stückes! Der sehr sauber und sehr sorgfältig ausgeführte Druck des Originals, dessen Sprache und Zeichnung nach Oberdeutschland weist, wird auf Grund der Haartracht und der langen, nachschleppenden Gewänder wie des in Lilien übergehenden Kreuznimbus in die Zeit zwischen 1470 und 1480 zu setzen sein.

Dem Leser, welcher nicht ohne Neugierde den Sprüchen der bösen und guten Geister folgen mag, sei die Mühe, alte Schrift zu lesen, hiermit erleichtert.

A piß (bis, sei) vest, seliger mensch, in not (in Sterbensnoth)
wie (? um) cristu leiden sein pittern dot.

B Sich das creutz an piß wol getröst
wann (denn) du dar durch pist erlöst.

C O süsser ihesus durch dein gnaden
laß mir dein leiden zu komen zu staden (zu Statten).

D (Ververlicheit); du magst wol vertzagen in dem dot
Dein pein die ist pitter und groß.

E (trostlichkeit); kurtz pein ist hie gut zu leyden.
Darnach volgt ewigs pleyben.

F (vorhaitt); das du must lassen ere und gut
Das mag wol beswcren deinen mut.

G (weisheit); wiltu in kurtz gern verlusen (zurücklassen)
umb got ein ewigß zu erkusen.

H (onglauben); hoch ist das wol zu gelauben
Das verreget der naturen oben.

J (warheit); die almechtikait muß ymmer gan
ob allem das der mensch mag verstan.

K (Wanhoffen); Sich du hast so vil sünde getan
du pist nit wert genade zu empfahen.

L (parmherezikait); Gottes barmherzikait ist bereit
den (denen) den ir sund ist leit.

M (verwegenheit); hör münch du hast heut verdint
das nit unser herre muß sein freundt.

N (onmuttigkeit); wol was ich hab heut geton
das hab ich alz (alles) von got entpfangen schon.

---

[1]) Originalgröße 265 × 190 Millimeter; Dutuit p. 286.

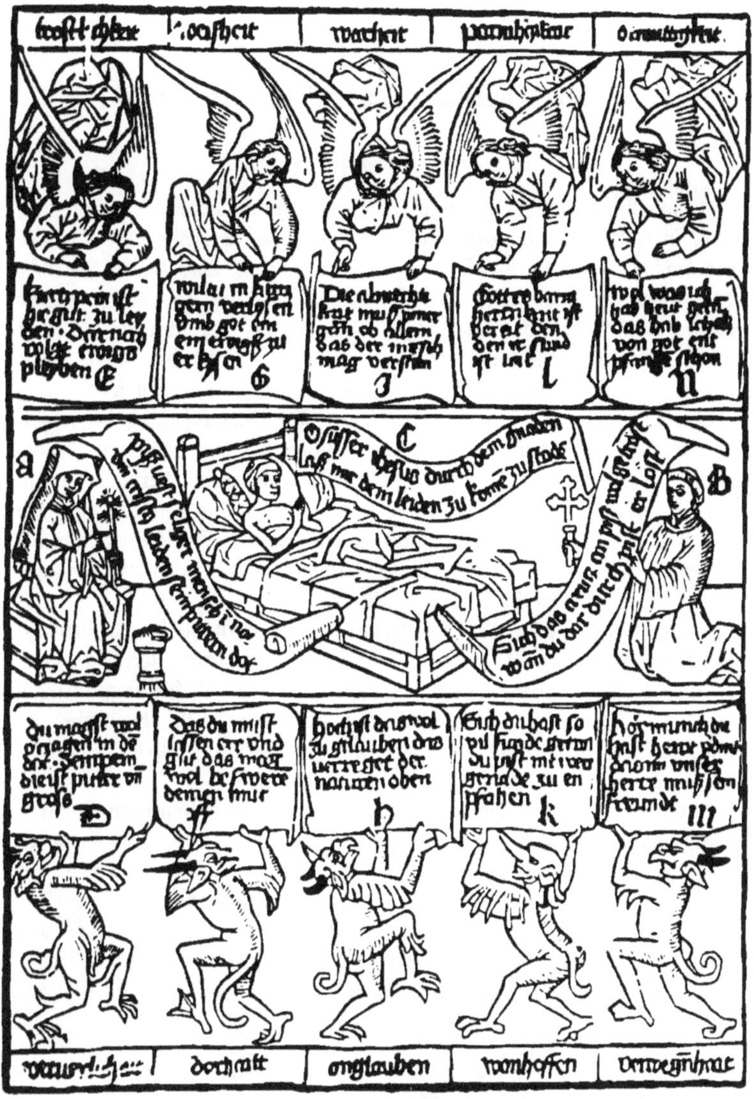

Facsimile nach Weigel-Zestermann.

B. Die Sterbebüchlein von bekannten Verfassern.

1. Gerson, Dreigetheiltes Werk.

Johann Charlier, geboren 1363 zu Gerson, darnach gewöhnlich Joh. Gerson genannt, gestorben 1429 zu Lyon, Professor und Kanzler der Hochschule, daneben Pfarrer zu Paris, vergaß über seiner Stellung und neben seiner Thätigkeit zur Herstellung des Friedens in der Kirche die Bedürfnisse des christlichen Volkes keineswegs. Er schrieb um's Jahr 1408[1]) zur Unterrichtung des Volkes unter Anderm das Opusculum tripartitum de praeceptis decalogi, de confessione et de arte moriendi, wovon uns hier nur der dritte Theil hauptsächlich interessirt. Die Gerson'sche Schrift fand solchen Beifall, daß der Episkopat Frankreichs sie auf den Synoden zum Unterrichtsbuch sowohl der Priester als der Gläubigen bestimmte[2]), daß er ferner den Seelsorgern das Vorlesen derselben vor dem Volke zur Pflicht machte und den Ritualien (Agenden) einreihte, wie der Herausgeber der Gesammtausgabe der Gerson'schen Werke, Dupin, bemerkt.

In dieser seiner Volksschrift, und zwar vorn in der Einleitung, dringt Gerson nachdrücklichst darauf, daß alle Vorgesetzten, welchen Unterweisung obliegt, „schaffen mögen, daß die Lehr dieses Büchleins geschrieben werd auf Tafeln und angeheftet ganz oder mit teilen (theilweise) an offenbarlichen stetten, als (nämlich) in pfarkirchen, in schulen, in spitale, in geistlichen stetten"[3]).

Es ist nicht zu bezweifeln, daß man diesem dringenden Wunsche des hochangesehenen Autors nachkam. Wie liegt nunmehr die Annahme nahe, daß gerade der letzte Theil der Schrift, die Kunst, zu sterben, mit dem oben behandelten Holztafeldruck der Ars moriendi in irgend einer Beziehung stehe, daß Gerson mindestens die Anregung gegeben[4]), und zwar dem Meister E S, die Bilder zu entwerfen, und einem uns immer noch nicht bekannten Autor (Theologen), den Text zu schreiben. Damit

---

[1]) Schwab, Joh. Gerson. 1858. S. 683 Note.

[2]) Aehnlich schrieben deutsche Provincialsynoden 1451 und 52 die Schrift des Aquinaten de articulis fidei vor, daher ihr häufiger Druck.

[3]) Agant igitur praenominati (superiores et praelati, parentes pro filiis apud scolarum rectores, domorum dei et hospitalium gubernatores et magistri etc.), quod doctrina haec libris inscribatur, tabellis affigatur, tota vel per partes, in locis communibus, utpote in parochialibus ecclesiis, in scolis, in hospitalibus, in locis religiosis.

[4]) In Gerson, Tract. de diversis diaboli temptationibus finden sich kaum Anklänge an die tentationes der Ars mor.

wäre auch endlich eine Zeitgrenze gewonnen, wie weit zurück die in der Geschichte der Druckkunst und in der Bibliographie so berühmt gewordene Ars moriendi zurückreicht: sie kann nicht über Gerson's Zeit zurück, genauer über 1408 hinauf geleitet werden.

Die Vorrede in der alten Ars moriendi beruft sich geradezu auf den Kanzler von Paris, der da rathe, den Kranken keine falsche Hoffnung auf Wiedergenesung zu machen, da solches nur zur Gefährdung des Seelenheiles beitrage [1]).

Der dritte Theil des genannten Werkes handelt de scientia mortis und beginnt: Si veraces fidelesque amici cujuspiam egroti curam diligentius agant pro ipsius vita corporali fragili et defectibili conservanda, exigunt a nobis multo forcius deus et caritas pro salute sua spirituali sollicitudinem gerere specialem, b. i. wahre Freunde sollen sich bewähren, wenn ihr Freund darniederliegt. Quamobrem cura fuit presenti scripto componere brevem quendam exhortationis modum habendi circa eos qui sunt in mortis articulo constituti, daher diese kurze Anweisung, wie ein Freund dem andern in Todesnöthen beistehen soll.

Das Werkchen zerfällt in vier Theile: 1. exhortationes; 2. interrogationes; 3. orationes; 4. observationes.

1. Der erste Theil mit der Ermahnung besteht aus vier Ermahnungen. a. Lieber Freund (oder Freundin), denke daran, daß Alle ohne Unterschied Gottes Hand unterworfen sind; b. erkenne dankbar an, daß du viele Wohlthaten empfangen hast; c. vergiß nicht, daß du viel gefehlt, wofür du das gegenwärtige Leiden als Heimsuchung und Buße annehmen magst; wo nicht, so wirst du ewig zu leiden haben; d. trage jetzt Sorge für das Heil deiner Seele; voll Vertrauen übergib dich dem allmächtigen und allgütigen Gotte.

2. Der zweite Theil hat sechs Fragen. a. Lieber (oder Liebe), willst du sterben fest im christlichen Glauben und gehorsam als treuer Sohn der Kirche? Er antworte: ich will; b. begehrst du von Gott Verzeihung deiner Sünden? Er antworte: ich begehr's; c. willst du im Falle des Genesens besser leben als seither? d. bist du nicht einer Todsünde bewußt und willst du nicht beichten? e. willst du nicht, wenn nöthig und möglich, restituiren? f. Verzeihst du allen Beleidigern?

3. Theil, mit den Gebeten zu Gott, zu Maria, den Engeln, besonders Schutzengel, Patronen.

4. Theil, die Observationen, Bewahrungen. Man veranlasse den Siechen zum Sacramenten-Empfange — zur Lösung vom etwaigen

---

[1]) Nam secundum cancellarium parisiensem sepo per talem falsam consolacionem et fictam sanitatis confidenciam certam incurrit homo dampnacionem.

Kirchenbanne; bleibt genügend Zeit, so lese man ihm aus der Legende oder dem Gebetbuche vor, legende forent coram eo ab astantibus historic et oraciones devote, in quibus sanus et vivens amplius delectabatur [1]).

Man halte außerdem dem Kranken das Bild des Gekreuzigten oder eines von demselben besonders verehrten Heiligen vor.

Mit nichten aber erinnere man den Sterbenden an die Hinter= bliebenen: Frau, Kinder, Freunde, Reichthum; keineswegs erfülle man den Sterbenden mit falscher Hoffnung auf Wiedergenesung, denn gerade in Folge dessen verschiebt er die Buße und zieht sich die Verdammniß zu, vielmehr sorge man durch Reue und Beicht für sein Seelenheil; dadurch wird zugleich eher und besser für sein leibliches Wohl gesorgt [2]).

Von Gerson hat also ohne Zweifel der unbekannte Verfasser des alten Ars=Textes einen Theil der Gedanken geliehen.

Es konnte nicht fehlen, daß von Gerson's beliebter Schrift auch deutsche Uebertragungen erschienen; wir kennen folgende

Ausgaben von Gerſon, Prigedeilt werch.

1. Ausgabe von 33 Blättern, zu Marienthal.

Zu Marienthal, wo 1468 bis 1484 eine Presse der Kogelherrn thätig war und das merkwürdige Beichtbüchlein des Frankfurter Kaplans Joh. Lupi lieferte, erschien außer zwei lateinischen Ausgaben [3]) auch eine deutsche. Von letzterer hat sich nur ein einziges Exemplar in der Bücher= sammlung des Priesterseminars zu Mainz erhalten; sie beginnt Blatt 1 a:

Die vorrede in das buchelin von den gebodden. von dichten. und bekenntniß [4]) zu sterben.

2. Ausgabe von 40 Blättern, ohne Ort und Jahr.

Ehemals in Gießen, Universitätsbibliothek. Diese Ausgabe ist ver= schollen; sie beginnt Blatt 1 a:

Die Vorredde in daz buchlin von den geboden u. s. w. [5])

3. Eine dritte Ausgabe gibt Hain 7655 an:

---

[1]) Die alte Ars sagt gegen Ende: si infirmus non sciat orationes dicere, dicat aliquis de astantibus . . . coram eo orationes vel historias devotas quibus pridem sane delectabatur.

[2]) Diese letzten Erwägungen finden sich gleichfalls in der alten Ars.

[3]) Falk, die Presse zu Marienthal 1882. S. 21 kannte ich nur eine lat. Ausgabe, durch Cohn Cat. CLXXVIII Nr. 151 zu 450 Mk. eine zweite lateinische.

[4]) So viel als Kenntniß, scientia, oder Kunst.

[5]) Journal v. und f. Dtschld. 1791, S. 956; Panzer III. 10; Falk, Verschollene Incunabeln in: Centralblatt f. Bibliothekwesen 1890, S. 245.

Die Vorredde in bʒ büchlin vou den geboten. Von Dichten. und bekenntniß zu sterben. gedicht von dem hochgelerten meister Johann Gerson. kanzler zu Paris.

4. Eine niederdeutsche Ausgabe, Delft 1482: Van den Gheboden Gods. van der biechte.

> enbe van couste te sterven, ghemaect
> van den groten doctoer mejter Jan
> Gertjon . . . ., enb dat is ghenaemt in
> be latnn opus tripartitum[1]).

Wie viele Ausgaben dieser Büchlein mögen zu Verluste gerathen sein?

2. Die Schriften Geiler's von Kaisersberg.

Unmittelbar an Gerson reihen wir Geiler, weil letzterer enge an jenen sich anschließt.

Johann Geiler von Kaisersberg, der berühmte Verkündiger des Wortes Gottes im Straßburger Münster, predigte auch über die Kunst, glückselig zu sterben. Doch genügte seinem Eifer nicht das gesprochene, vorübergehende, vergeßliche Wort, er ließ alsbald nach Antritt seiner Stelle 1482 eine kleine Schrift, die allererste seiner litterarischen Thätig= keit, ausgehen des Titels:

a. Wie man sich halten soll bei einem sterbenden Menschen.

Geiler selbst nennt sie „botte biechlin — tobtenbüchlein"[2]). Er will in ihr nicht eine selbständige Schrift geben, sondern eine solche, die da ist „gezogen auß den evangelischen (Evangelien) entschlossen (abge= schlossen, verfaßt) von dem hochberumpten unnd tröstlichen lerer Johanni gerson etwan cantzler zu pariß", welcher es für das gemein Volk „in frankrichjen welsch" machte, darnach zu latin brachte, nun habe ich das in tutsch gesetzt, und doch nit ganz die ordenung oder wort gehalten, junder mich geflissen der einfalt in Worten und schlechter (schlichter) orde= nung, die einem einfaltigen menschen allernützlichst sein mag, so er das bruchen sol als (wie) ichs gepredigit hab." Der Beginn der Schrift lautet: „Ein getruwer warer frund eyns sichen menschen pfligt groien fliß anzuteren wie er u. s. w."

Die Disposition ist folgende:

Vier stücklin sol man haben by einem sterbenden menschen: Ver= manen, fragen, beten, bewaren[3]).

---

[1]) Campbell, Annal. de la typogr. néerl. 802; Hain 7657.

[2]) Dacheur, Die ältesten Schriften Geiler's. 1882. Einl. S. VII.

[3]) Obsequium exhibeto morienti . . . . por exhortationes, interrogationes, orationes, observationes. De arbore humana f. 86.

1. Bermanen sol man in (ihn):
   a. gern zu sterben, b. zu Dankbarkeit, c. zu gedult, d. abzustellen sorg.
2. sechs stucklin sol man fragen den sterbenden menschen:
   a. vom glauben, b. vom reuwen, c. vom fursatz, d. von der bicht, e. von vergeben (verzeihen), f. von widerkeren (restituiren).
3. beten sol der siech:
   a. zu got dem vater, b. zu iesu unserm erlöser, c. zu maria, d. zu den heil. engeln, e. zu seinem eigen engel (Schutzengel),
4. bewaren sol man in mit sechsen:
   a. mit den sacramenten, b. vor dem bann, c. mit lesen von erbaulichen Beispielen, d. mit dem darreichen des crucifixes, e. vor frunden, f. vor (falschem) trost.

Dabei erinnert der Verfasser wie Gerson an die kirchliche Vorschrift, daß der Leibesarzt den Kranken an die Hilfe des Seelenarztes, des Beichtvaters, erinnern müsse, ehe er ihm leibliche Heilmittel reiche. Deshalb sei es nützlich, daß in allen Spitalen der Armen oder Elendherbergen das Statut aufgestellt würde, kein Kranker dürfe aufgenommen werden, wenn er nicht am ersten Tage seines Eintritts seine Beicht thäte, wie es im Gotteshaus (Hôtel Dieu) zu Paris gehalten wird.

Von dieser Gerson-Geiler'schen Schrift kennen wir drei Ausgaben:

A. 1482 ohne Angabe des Orts und Druckers, 5 Blätter Quart[1]).
   Wie man sich halten sol bei einem
   sterbenden Menschen :·

B. ? ohne Angabe des Orts und Druckers, 6 Blätter Quart[2]).
   Wie man sich halten sol by
   evm sterbenden Menschen.

C. 1497 ohne Angabe des Orts und Druckers, aber bei Mich. Furter in Basel, 9 Blätter Octav.
   Wie man sich halten sol by
   einem sterbenden mönschen[3]).

---

[1]) Hain 15082. Von diesem Ex. der Münchener Hofbibliothek gab L. Dacheux ein Fac-Simile avec introduction. Paris — Straßb. 1878, und später in. Die ältesten Schriften Geiler's, Freib. 1882, einen Wiederabdruck des Textes (mit Varianten der Ausgabe B) nebst 4 Tafeln Facsimile, je 2 von A und B. Von B findet sich ein Ex. in Freiburg i. B.

[2]) Weller 127; Dacheux, älteste Schriften, S. 113. 317.

[3]) Ex. in St. Gallen. Nr. 846 in einem Sammelband, worin auch das A B C und Klage eines weltlich sterbenden Menschen; siehe S. 34. Herrn Dacheux blieb diese Baseler Ausgabe der Geiler'schen Schrift unbekannt.

Von biesen brei Ausgaben kennt man bis jetzt je nur ein einziges Exemplar!

b. Der dreyeckicht spiegel.

In dem vorausgehenden Büchlein ahmte Geiler den Kanzler frei nach; strenge an den Text des dreigetheilten Werkes Gerson's hielt sich aber Geiler in der Schrift, welcher er den anders lautenden Titel „Drei= eckiger Spiegel" gab. In der Sammlung Geiler'scher Schriften, welche unter dem Titel „Das irrig Schaf" erschien, findet sich auch diese Schrift:

> Der Treieckicht Spiegel
> Von den gebotten. Von der beicht
> Und von der kunst des
> wol sterbens.

Unter dem Titel ein Treieck mit Spruchbändern (die Worte: von den Gebotten — von der bicht — von dem Tod) in den Ecken und einem Rundspiegel in der Mitte des Treiecks, woher auch der Name des Büchleins rührt.

Der ganze Band, sieben Tractate Geiler's vereinigend, erschien bei Matthias Schürer, ohne Jahr, in Quart.

Nochmals, 1514, bei Johann Grieninger in Straßburg [1]).

c. Von den Früchten des Wolsterbens.

Geiler hatte zwischen Ostern und Pfingsten des Jahres 1495 ge= predigt von den drei Marien, welche den Herrn salben wollten, von den Mucken, welche uns die Salben verderben, von dem Senfkörnlein und von den Früchten des wolsterbens. Eine ehrsame Jungfrau hatte sie nachgeschrieben und auf Bitten „in den Druck gelasen"; so erschienen sie in der kaiserlichen Stadt Straßburg auf Mittfasten 1520 bei Joh. Grieninger in Folio [2]), also zehn Jahre nach Geiler's Tod. Blatt 31 bis 60 in gespaltenen Columnen mit dem Columnentitel:

Von fruchten der Penitens — Der sterbenden kunst

werden 25 Früchte der Buße nach den 25 Buchstaben des A B C be= handelt; dem Abschnitt geht ein mit Sorgfalt gezeichneter Holzschnitt von 14 × 9 Cm. Größe voraus, welcher eine Beichtscene darstellt: demüthig und aufmerksam hört eine Frau, den Rosenkranz in Händen, den Zu= spruch des Beichtvaters; hinter ihr wartet eine stehende Frau; links naht

---

[1]) Schmidt, Hist. litér. de l'Alsace II. 380. 381; Panzer I, 319. 320, wonach die Ausgabe im Jahre 1510 erschienen sein soll mit Berufung auf Riegger, Amoenitates I, 80.

[2]) Der Titel beginnt: An dem Ostertag hat der hochgelert Doctor kaisersperg gepre=
digt von den drey marien. Panzer III, 166.

ein Mann, dem der Teufel mit einer Binde den Mund verschlossen hält, damit er seine Sünden nicht bekenne. Blatt 42 ein etwa 11 × 10 Cm. großer Holzschnitt mit Sterbescene und der Ueberschrift: „Wie man dem sterbenden menschen an dem letzten end hefftiglich sol des glaubens ermanen und vorbeten." Der Sieche liegt da, von einem Baldachin überdacht (Himmelbett), kreuzweise die Hände über die Brust gelegt, während theilnahmsvoll zur Rechten ein Freund steht und ein anderer, zur Linken sitzend, Mahnungen ertheilt; am Fußende neigt sich ein Mütterlein mit Rosenkranz, von Beten und Trauern ermüdet, auf eine Bank. Im Hintergrund grinst der Tod (Schädel bekränzt) herein, die Rechte erhoben, den Spaten in der Linken. In den Predigten [1]) selbst kehren die Gedanken der Buße und die übrigen Tugendacte wieder, wie sie in andern Büchern für diesen Zweck ausgesprochen sich finden [2]).

3. Baptista Mantuanus, Wider die Anfechtung des Todes. 1517.

Johannes Baptista Spagnuoli, geboren 1448 zu Mantua, deshalb Baptista Mantuanus genannt, gehörte seit 1448 dem Carmeliterorden an, dessen General er 1513 wurde und bis zu seinem am 20. März 1516 erfolgten Tode blieb [3]). Er galt als berühmter Theologe, Philosoph, lateinischer Dichter und Sprachkenner, den seine Zeitgenossen Virgil an die Seite setzten. Er starb im Rufe der Heiligkeit, nachdem er das übernommene Ordensgeneralat kaum angetreten. Trithemius lobt diesen seinen Zeitgenossen als in göttlichen Schriften sehr unterrichtet und in weltlicher Wissenschaft wie kein Anderer erfahren, preist ihn als Redner und Dichter [4]). Unter seinen Schriften verzeichnet Trithemius eine Tröstung in Betreff des Sterbens und eine Schrift von der Verachtung des Todes:
Consolatio super morte. beginnend: Deliciae sacri fontis.

De contemptu mortis, beginnend: Quid meres fatumque times.

Letztere Schrift, in Verse gefaßt, erschien wiederholt, sowohl in der Gesammtausgabe seiner Schriften [5]) wie als Sonderdruck, so unter dem Titel De contemnenda morte carmen zu Leipzig, ohne Druckjahr, bei Jacob Thanner und nochmals bei demselben 1500 [6]). Das Gedicht beginnt:

---

[1]) Sie erschienen lateinisch: Tractatus de dispositione ad felicem mortem XXVII sermonibus absolutus. Schmidt II, 385, n. 192.

[2]) Schmidt, Hist. litér. p. 389, n. 199.

[3]) Chevalier, Répertoire, p. 215. 2440; Hain 2358—2415 seine lateinischen Werke; Gräße IV, 369—371.

[4]) De scriptoribus ecclesiasticis: Baptista Mant. vivit in Italia celeberrima opinione ubique nominatus.

[5]) Opera vener. patris Bapt. Mant. Colon. apud praedic. 1500, also bei Cornel. v. Zürichsee. Ex. in München. Hain 2360. — [6]) Hain 2392. 2393.

Quid meres fatumque times tui mens
Stulta, quid hoc tantum debile corpus amas!
Dum trepidas, tuus iste dolor mea viscera torquet,
Efficiunt corpus vulnera mentis iners.

Von diesem Gedichte erschien eine deutsche Uebersetzung, welche — so weit bis jetzt bekannt — nur noch in einem einzigen Exemplar, nämlich auf der Stadtbibliothek zu Zwickau, erhalten ist. Der verdienstvolle Hymnologe Wackernagel fand es daselbst und gibt davon Nachricht in seinem Sammelwerke über das deutsche Kirchenlied I, 376 unter Mittheilung einzelner Theile.

Titel: Wider die anfechtung des todes
unnd das der nit zuforchten sey
ein schon gedicht gezogen aus dem
Edeln Poeten Baptista Mantuano.

Emser.

wer frey und sicher sterben well
Und sich bewaren vor der hell,
Der lesze dis gedicht mit vleysz
Sagt ym die rechten kunst und weysz.

Am Ende: hat gedruckt Melchior Lotther zu Leiptzk Im tausent funffhunderten und sibentzehenden iare.

Das Schriftchen, fünf Blätter in Quart[1]), verdankt seine Herausgabe und Uebertragung dem Hieronymus Emser, welcher „dem Gestrengen und vhesten Gorigen von Widebach Landtrentmeister . . . sampt der Erbern . . . frawen Apollonien" u. s. w. die Schrift widmete; geben zu Dreszen (Dresden) 1517.

Das Gedicht entwickelt die vom Christenthum gegebenen Gründe, warum man den Tod nicht zu fürchten brauche, und beginnt:

Meyn sehl, meyn geist, was trübst du dich?
Wie ser befrembt und wundert mich,
Das dich der tod macht so vortzagt,
Meyn schwacher leyb so wol behagt?
Denn forcht mir auch ein kommer bringt
Und alle meyn gelid durchdringt,
Dan du mir also zugesellt,
Das all denn schmertz mich samptlich quelt.

---

[1]) Panzer I, 402, nach einem Ex. der Schwarzischen Sammlung.

Schluß. Dann do[1]) kenn neud ist noch kenn haß;
Meyn geist nun mach dich auff die straß,
Fahr hin wol in dem namen gots
Und laß die unntz sorcht des tods.

4. Cardinal Capranica, Speculum artis bene moriendi.

Der streng ascetische Dominicus Capranica, geb. 1400, Cardinal=
diakon von St. Maria in Via lata 1423, Bischof von Fermo 1425,
Cardinalpriester von S. Croce in Gerusalemme, Großpönitentiar, welcher
einst dem Papst Calixt Vorhalt über seinen Nepotismus gemacht[2]) und an
welchen heute noch in Rom das Collegium Capranicum erinnert, ver=
faßte sechs Jahre vor seinem 1458 erfolgten Tode, also 1452, wie die
italienischen Ausgaben angeben, die Schrift, betitelt entweder

Ars bene moriendi.

oder: Speculum artis bene moriendi

de temptationibus, penis infernalibus, interrogationibus agonisantium
et variis orationibus pro illorum salute faciendis,
oder auch: (Incipit) Tractatus bonus et vtilis de arte moriendi.

Ein Theil dieser Ausgaben zeigt ein Titelbild, nämlich eine Schule,
in welcher der Lehrer in geistlicher Tracht, eine Taube auf der rechten
Schulter, aus einem Buche docirt, während vor dem Pulte zwei Schüler
auf den Vortragenden schauen; auf einem Spruchband lesen wir:

Accipies tanti
doctoris dogmata sancti.

Der Lehrer ist kein anderer als Gregor der Große, der Patron des
Schulwesens; auf Gregoriustag, 12. März, begann unter Festlichkeiten
das Schuljahr, daher das St. Gregoriusfest[3]).

Capranica beginnt seine Schrift: Cum de presentis exilii miseria
mortis transitus propter moriendi imperitiam multis, non solum laicis
verum etiam religiosis atque devotis, difficilis multumque periculosus
..., idcirco in presenti materia (quae de arte moriendi est) sequens
brevis exhortationis modus est etc. Da der Uebergang des Todes
aus des gegenwärtigen Exiles Elend wegen mangelnder Erfahrung im
Sterben Vielen ... gefahrvoll ist u. s. w. Da sind also neue Ein=

---

[1]) d. i. im Himmel.
[2]) Pastor, Gesch. der Päpste I, 615 gibt außerdem an, daß ihm die Besteigung des
päpstlichen Stuhles in Aussicht gestanden, wenn der Tod nicht dazwischen getreten wäre.
[3]) Fall, Die Schul- und Kinderfeste im Mittelalter. Frankf. 1880, S. 9. Gregoriusfest im Kirchenlexicon, 2. Aufl., IV, 1411.

leitungsgedanken, denen wir seither noch nicht begegnet [1]) sind! Finden wir sie in andern Sterbebüchlein, lateinischen wie deutschen, so wissen wir, auf welche Quelle dieselben zurückzuführen sind [2]). Doch wir müssen durch eine Analyse uns weitern Einblick verschaffen.

Den einleitenden Worten folgt eine Uebersicht, divisio libri; das Buch soll sechs Theile haben.

1. Erster Theil, vom Lob des Todes und Kenntniß guten Sterbens. . Da von allen schrecklichen Dingen der Tod des Leibes das schrecklichste ist nach dem Philosophus im dritten Buche Ethicorum, so ist doch der Tod der Seele u. s. w. Hier greift also der Verfasser· auf die erste Form der Ars moriendi zurück.

2. Zweiter Theil, von den letzten Anfechtungen, wovon die erste vom Glauben, die andere die Verzweiflung ist u. s. w; der Leser kann sich denken, daß die uns längst bekannten fünf Tentationen der ersten Ars wiederkehren. Doch fehlt hier die Gegenüberstellung der Engels-Inspirationen in ihrer dramatischen Behandlung der Ars.

3. Dritter Theil, von den Fragen, und zwar die unten zu behandelnden Anselm's und die des Kanzlers Gerson, letztere als Erweiterung der anselmischen.

4. Vierter Theil, von Unterweisungen für die Kranken nebst Gebeten. Hier begegnen wir dem, Gregor dem Großen entliehenen Ge= danken: Jedwede Handlung Christi ist zugleich eine Lehre für uns; was demnach Christus am Kreuze gethan, das soll jeder Sterbende in seiner Weise thun, nämlich fünferlei: beten, rufen, weinen, empfehlen, willig sterben. Hat der agonisans noch usus rationis et loquelae (wie auf dem letzten Blatte der ursprünglichen Ars), so bete er wie folgt: zur Trinität, zu Christus, Maria, den Engeln.

5. Fünfter Theil: Mahnungen für die Zeit des Todeskampfes, exhortationes in agone mortis; sie sind nicht neu; man sorge, räth der Verfasser, für die Seele eher als für den Leib, wie jeder Arzt gemäß der päpstlichen Decretale thun muß; man sorge für rechtzeitigen Sacra= menten-Empfang; man hüte sich, falsche Hoffnung der Wiedergenesung zu geben, sorge für Lösung von etwaigem Banne, lese vor aus Legenden und Gebetbüchern.

6. Sechster Theil, von den Sterbegebeten für die in den letzten Zügen Liegenden, je nachdem sie Kloster= oder Weltleute sind. Kommt

---

[1]) Ein Theil der Ausgaben erschien ohne Druckjahr; da die deutschen Ausgaben mit 1473 beginnen, so werden ihre lateinischen Vorlagen schon eher als 1473 erschienen sein.

[2]) Falk, Die älteste Ars mor. und ihr Verhältniß zur Ars mor. ex variis scripturarum sententiis, zu: Das löbl. u. nutzbarl. Büchlein von dem Sterben, und zum Speculum artis bene mor. in Centralbl. f. Bibliothekwesen 1890, S. 308.

Jemand im Kloster in die letzten Züge, so versammele sich der ganze Convent und Alle sollen die Commendatio animae beten, wie sie im Rituale steht; bei andern Gläubigen bete man die (folgends) verzeichneten Gebete. Wir finden auch das Proficiscere anima christiana in deutscher Sprache [1]).

Während nun alle alten Erbauungsbücher gern Exempel, zahlreich und manchfaltig, ihren Lehren beifügen, vermißt man sie in den Sterbebüchlein; nur mehr ein einziges, nämlich von einem Papste und seinem frommen Kaplan, kehrt immer wieder, auch bei Capranica; es lautet in Kürze wie folgt.

Exempel. Es ist gewesen ein Papst, der hat seinen Kaplan aus der Maßen lieb; nun fragt der Kaplan den Papst, womit er ihm möcht zu hilf kommen nach seinem Tod, denn sofern er könnt und möcht, so woll er ihm helfen um seiner Seelen Heil willen. Da sprach der Papst: ich forder von dir nit anders, wenn du mich in den Hinzügen siehst, so sprich nachfolgende drei Gebet, und zu einem jeglichen Gebet ein Vater unser und ein Ave Maria. Der Kaplan gelobt ihm das. Da sprach der Papst, so sprich das erste Pater noster in der Ehr des blutigen Schweißes Christi, so er am Oelberg vergossen u. s. w.[2]) Die drei Gebete finden sich im römischen Rituale, nämlich Gebet zu Ehren des blutigen Schweißes des Herrn am Oelberge — zu Ehren der am Kreuze erduldeten Leiden — zu Ehren der in der Incarnation bewiesenen Liebe.

Capranica bedauert mit der alten Ars, daß so wenige sind, die da die Kunst verstehen, gut zu sterben, und Sterbenden gut beizustehen, und so kommt es, daß Vieler Seelenheil gefährdet erscheint, et ita animae morientium miserabiliter periclitantur.

Es folgen noch Gebete sowie kurze Betrachtungen über die vier letzten Dinge; zum Schlusse kommen sechs signa, an denen sich merken läßt, ob ein Mensch auf seine Rettung hoffen mag, welche Zeichen auf die anselmischen Fragen hinauslaufen [3]).

Capranica's Ars moriendi wird man nicht eine selbständige Schrift nennen können, sondern eher eine erweiterte Form der alten Ars. Sie gelangte zu ungewöhnlichem Ansehen, wie aus der zahlreichen Drucklegung und mehrfachen Uebersetzung erhellt, denn die Bibliographie kennt

---

[1]) Tractatus de arte mor. s. l. et a. in Helmschrott, Incunab. zu Füssen II, 65 mit demselben Inhalt.

[2]) Das Exempel findet sich schon in Meister Heinrich's von Hessen Commendatio animae, wohl auch schon früher. Ob es sich nicht in Schriften Gregor's d. Gr. findet?

[3]) Schlußworte .... et his peractis, dicit Anselmus, quod sine dubio salvabitur.

24 Ausgaben, in lateinischer, italienischer, deutscher und englischer Sprache [1]).

Von der Schrift erschienen zwei von einander unabhängige Ueber=setzungen, die eine mit dem Schlagwort: Edelste Kunst, die andere: Von dem Sterben ein nutzbarlich Büchlein, worüber im Folgenden.

Capranica's Ars übersetzt.

1. Erste Uebersetzung. Augsburg 1473. Sie erschien bei Johann Bämler in Augsburg [2]), obwohl öfters die Klosterbruckerei von St. Ulrich und Afra [3]) als Officin angegeben wird. Bamler gab näm=lich 1473 eine Reihe Abhandlungen heraus, darunter zuerst:

Das Buch das der heylig vatter und bapst sanctus Gregorius selbs gemacht hat von den heyligen; diesem folgen unter andern Tractaten:

„Von der edelsten nuczperlichsten kunst die gesain mag, auch einem yeglichen cristenmenschen wol notdurfftig zu lernen. Sagt diß hernach geschriben buch oder tractat, und das würt zu latein genant ars moriendi das ist von der kunst des sterbens" [4]).

Die Kunst des Sterbens umfaßt 13 Blätter. Nach einigen ein=leitenden Worten folgt die Disposition der Abhandlung. 1. Der erste Theil ist von dem Lobe des Todes und der Kunst des Sterbens. 2. Der andere von der Anfechtung der Sterbenden. 3. Wie man die Siechen fragen soll. 4. Der vierte mit Unterweisung und etlich Gebet, die er sprechen soll. 5. Der fünfte von etlicher Ermahnung und Erweckung. 6. Der sechst enthält die Gebet, die man sprechen soll über den in Zügen liegenden Menschen.

Der Text selbst beginnt: Als nun der gang des gegenwertgen lebens von der armut umb unverstendigkeit des sterbens [5]) vil menschen . . . . vast hert schedlich und grausamlich manigfeltiglich gesehen wird, darumb in der gegenwärtigen materi die da ist von der kunst des sterbens u. s. w.

Der Leser wird aus dieser kleinen Probe schon entnehmen können, daß die Uebersetzung auf Capranica's Schrift beruht, wie sich bei Ver=gleich des übrigen Inhalts weiter ergibt. Am Schlusse nimmt die Ueber=setzung einige Aenderungen vor; sie gibt das Gebet eines andächtigen

---

[1]) Hain 4386—4406; 14911—14913. Catalanus, Comment. de vita et scriptis Dom. Capranicae card. antistitis firmani 1793 p. 147 verbreitet sich über die Hand=schriften und Drucke, jedoch unvollständig.

[2]) Panzer III, 36.

[3]) Wie Veith Diatribe p. XXIV, und Zapf, Augsb. I, 25, 26 meinen.

[4]) Panzer I, 71.

[5]) Eine schlechte Uebersetzung des lateinischen Originals, miseria = Armuth; exilii = Leben; transitus ist zu exilii gezogen.

·Carthäusers: Ich N. armer sünder bekenn und vergich dir u. s. w., sowie ein anderes Gebet mit der Ueberschrift: Dis ist das kreuzbanner und zeichen des grossen künigs unsers herrn Jesu cristi.

Drei Jahre später, 1476, erschien der Foliant mit seinem ganzen Inhalt nochmals in derselben Officin zu Augsburg; die Typen gleichen sich auf's Haar [1]).

2. Zweite Uebersetzung. Wir finden sie unter den Erzeug=
nissen der Presse des Priesters Johann Weissenburger, welcher mehr wie
irgend ein geistlicher Drucker typographisch thätig war und eifrig deutsche
Volksschriften erscheinen ließ.

Von dem sterben ein
nützbarlich büchlein wie ein oder chri=
sten mensch recht zu warem christen glauben sterben
sol und die anfechtung des bösen geistes widersteen
Gemacht durch ein höchgelerten Doctor zu Paryß.

Am Ende: Gebruckt zu Landßhut an dem vierden tag
des Aprilens M.cccc.und xx. Jar durch
Johann Weyssenburger. [2])

Auf dem Titelholzschnitt sehen wir einen Sterbenden, umgeben von
Priester, Arzt, Notar und Wartfrau; wir lesen auf einem Spruchbande:
Versehung eines menschen leib sel ere und gut. Dieses Bild erweist sich
als einem andern selbständigen Werke entlehnt, auf welches unten die
Sprache kommt. Außer dem Titelbilde hat diese Ausgabe auch noch das
Bild von der Anfechtung des Teufels zum Unglauben.

Es folgt hier eine kleine Probe zur Vergleichung der Art der einen
und andern Uebersetzung.

Augsburger Druck. Von der versuchung. Es ist auch zu wissen
das die siechen an irem leczten zeyten schwerer versuchung haben dann
sy vor bey irem leben gehabt haben, und derselben versuchung sind fünf.
Die erst ist in dem glauben, darumb das der gelaub u. s. w.

Landshuter Druck. Von der anfechtung der sterbenden men=
schen. Nun ist zu mercken, das die sterbenden grosse anfechtung haben
an irem ende denn sie all ir lebtag haben gehabt, und der versuchung
sind fünfferläy. Die erst ist wider den glauben, ob der mensch zweiffel=
hafftig würd u. s. w.

---

[1]) Zapf, Augsb. I, 40. 41; Moyler Fortf. LXXI (1809) S. 44 n. 433 bot den
Folianten (Dyalogus, Kunst zu sterben, gedr. 1473) zu 3 Gulden an.
· [2]) 13 Blätter in Quart, ohne Seitenzahlen, aber mit Signaturen.

5. Johann v. Staupitz, Büchlein von der Nachfolgung des willigen Sterbens Christi. 1515.

Der aus dem Lebensgange Dr. Martin Luther's bekannte Augustiner-General Johann von Staupitz widmete „Der Edlen wolgebornen frawen, frawen Agnes, geboren von Glenche, Greffin, und Frawen zu Manßfeldt und Helderung" das folgende Buch. Die Widmung[1]) sagt, daß Bruder Johann schon früher darüber nachgedacht, wie ein frommer Christ, der Nothdurft des Sterbens unterworfen, Christo um seines Leiden willen auch ein williges Leben, Leiden und Sterben wiedergeben müsse. Unterdessen habe er die große Gedult der Gräfin bei ihrem Leiden gesehen, weshalb er ihr zum Troste dieses Büchlein geschrieben. Sein Titel lautet:

Eyn buchleyn

von der nachfolung des
willigen sterbens Christi.
Geschriben durch den wol
wirdigenn vatter Johan-
nem vonn Staupitz. Der
heyligen geschrifft Doctor-
rem. Der Brüder einsidler
Ordens sancti Augustini.[2])

Die Schrift hat 15 Capitel mit folgenden Ueberschriften:

1. Das erste Capitel von dem Herkummen zeitlichs Sterbens (nämlich aus der Sünde).
2. Das andere Capitel von der Verwürkung dreifältigen Todes (nämlich Tod des Leibs, Tod der Seele oder von beiden zugleich).
3. Von dem angeerbten Schaden des ersten Ungehorsams.
4. Von dem Tode des leiblichen Todes.
5. Von dem angeerbten Nutz des Neugebornen in Christo.
6. Von der Betrachtung und Anblick des Sterbens Christi, on welche niemand wol stirbt.
7. Wie man die letzten Anfechtungen überwinden soll (es werden neun Anfechtungen dargelegt).
8. Wie man die Anfechtung in Sterbensnöthen leichtlich überwindet.
9. Von dem Triumph wider die Anfechtung der Welt.

---

[1]) Widmung abgedruckt bei Grimm, De Joa. Staupitzio ejusque meritis 1837 p. 117. Vgl. Kolde, Die deutsche Augustiner-Congregation, und J. v. Staupitz 1879, S. 275; Ossinger, Bibliotheca Augustin. p. 868; Chevalier, Répertoire p. 2126.
[2]) Nach der Ausgabe von 1523. Mainz, Stadtb.

10. Von der Ueberwindung des Fleisches im Sterben, an dem Kreuz an-
gezeigt.
11. Von dem freundlichen Gesegnen des Sterbenden.
12. Von der endlichen Gelassenheit.
13. Von den letzten Begierden des sterbenden Menschen (deren sind 15
verschiedene Grade).
14. Von den wahren Zeichen, daß ein Mensch sich zum Tod genugsam
geschickt hat.
15. Von dem letzten Abscheiden.

Das erste Capitel beginnt also: Gott hat den Tod nicht gerne gemacht und freut sich mit nichten in Verlierung der Lebendigen, spricht
der Weise. Denn er hat alle Dinge darum geschaffen, daß sie sein
sollen, sonderlich aber den Menschen, daß er nit allein sei, sondern recht
sei, einen guten Willen habe, von welchem man allein recht ist. Solchem
und so geschaffenen Menschen hatte Gott Ueberfluß alles Guten, das
Leben ohne Furcht des Todes, gesund, ohne Besorgniß vor Erkrankung
gegeben, da kam die Sünde!

Ich glaube, durch die Mittheilung der Capitelüberschriften und der
vorstehenden kleinen Probe dem Leser zur Genüge einen Einblick in das
erbauliche Büchlein gegeben zu haben.

Der Verfasser versäumt nicht, an das Gebot christlicher Nächstenliebe zu erinnern, nämlich die Kranken, sonderlich die sterbenden, zu be-
suchen, wofür uns das ewige Leben als Lohn versprochen, den Ueber-
tretern aber auch der ewige Tod als Strafe auferlegt ist.

Die Bibliographie kennt zwei Ausgaben, wovon allerdings die letztere über unsere Zeitgrenze hinausgeht.

1515 Leipzig bei Melch. Lotter, 30 Blätter Quart[1]).

1523 ohne Ort und ohne Drucker, 22 Blätter Quart[2]).

6. Suso, Klage eines sündigen sterbenden Menschen. 1496.

Auf der Titelseite sehen wir einen Kranken auf seinem Sterbebette;
in der Ausgabe von 1501 nahet ihm der Priester mit einem Oelgefäße,
in der von 1508 mit dem geschlossenen Speisekelche; unter dem Bilde
der Titel:

**Ein iämerlich und erschrockenliche
klag eynes weltlichen sündigen sterbenden menschen gar nützlichen zelesen.**

---

[1]) Panzer I, 377 nennt das Buch „ungemein erbaulich"; Hajal S. 465 gibt das
9. Capitel dieser Ausgabe wieder.
[2]) Exemplar der Stadtbibl. zu Mainz, wonach obige Beschreibung.

31

Am Ende:

Hie endet sich ein Jemerlich erschrockenliche Klag
eines weltlichen sterbenden sündigen menschen dz hat
getruckt. Lucas Zeiſſenmair zu. Augſpurg und
geendet am montag nach dem Palm tag ꝛc. Tauſent
Fünff hundert und. Ein. Jar.

Der Inhalt der nur acht Blätter Kleinquart haltenden Schrift ist
folgender. Wir leſen nämlich, ſo leitet die Schrift ein[1]), von einem
ſeligen Menſchen, der hatte Gott lieb und begehrt von Gott, daß er ihm
kund thät, wie er ſein Leben in der Zeit ſollt (ein)richten, daß es führen
möchte zu einem ſeligen Ende. Einſtmals nun erſchien ihm der Herr
und ſprach, wiltu ein ſeliges Ende erwerben, ſo mußt du hie in der
Zeit deinen natürlichen Lüſten abſterben und nur mir allein leben. Ich
will dich führen an die Stätte, wo du ſiehſt und höreſt an deinem
Nächſten, wie ein unvorbereiteter Tod an einem ſterbenden Menſchen be=
ſchaffen iſt und wie er groß Jammer und Klag hat, ſo er von hinnen
ſcheiden ſollte, und bei dem ſoltn lernen; was du ihn frageſt, deß wird
er dir antworten.

Nun beginnt ein Zwiegeſpräch zwiſchen dieſem Diener und dem vom
unbereiten Tod Ueberraſchten. Jener will tröſten, aber der ſterbend
Menſch klagt, ſein Troſt ſei kein wahrer Troſt. Der Diener: lieber
Freund, wie gehabeſt du dich ſo recht übel, der Tod iſt Reichen und
Armen, Jungen und Alten gemein, oder wolteſtu dem Tod allein ent=
rinnen? Der ſterbend Menſch: O wehe, wie ein bitterliches Tröſten
iſt das! Ich klag nicht, daß ich ſterben muß, ich ſterb und bin unbereitet
zu dem ſterben, ich wein und klag nicht allein über das Ende meines
Lebens, ich klag und ſchrei, daß ich die Stund und Zeit verloren han...
O wehe, Gott, wie han ich meine junge Tag ſo thörlich verzehret....
Diener: Ach, lieber Freund, kehr dich zu Gott und hab Reu um deine
Sünd, denn iſt das End gut, ſo iſt alles gut. Der ſterbend Menſch:
o wehe, wie elends tröſten iſt das, ſoll ich mich erſt bekehren, ich bin
doch alſo ſehr erſchrocken, alſo druckt mich der Tod, daß ich wenig Guts
gedenken mag. — So klagt der ſterbend Menſch immer bitterer, bis er
ſeinen Tod kommen ſieht. Der Diener ſcheidet von ihm.

Dieſer nun wendet ſich zu Gott mit Dank, daß er ihn den jämmer=
lichen Tod eines weltlich geſinnten Menſchen ſchauen ließ; daran knüpft
der Diener die ernſteſten Verſprechen, nunmehr für Gott zu leben.
Fahr hin, fahr hin, gut Eſſen und Trinken, und lang Schlafen und Zart=

---

[1]) Vgl. den Text in Huttler, S. 46—59.

heit des Leibs, fahr hin weltliche Ehre und zeitlich Gut und leiblich Luft, denn es ist alles ein ewiger Mord meiner Seele.

Sprach der Herr zu seinem Diener: Siehe, Freund, bleib auf dem rechten Weg, denn es ist ein Anfang aller göttlichen Weisheit, Furcht vor bösem Tod zu haben. . . . Das klage ich allezeit, daß mein Marter und Tod an manchen Menschen verloren wird, davon geb ich ein strenges Urtheil an dem jüngsten Gericht.

Und do das der Diener von unseren Herren höret, do begann er mit jämmerlichem Herzen zu seufzen über des Herren strenges Urtheil: er bittet um Gnade und Barmherzigkeit[1]).

Daß diese nicht ohne Geschick verfaßte und zugleich von tiefem religiösen Ernste durchdrungene Schrift Anklang fand, beweisen ihre verschiedenen Ausgaben.

Ausgaben der Klage.

1483 zu Venedig bei Erh. Ratdolt, 3 Bll. folio.
1496 zu Augsburg bei Luc. Zeissenmair, 7 Bll. 4[2]).
1501 ebendaselbst, 2 Bogen 4[3]).
1508 zu Straßburg bei Mart. Flach, 8 Bll. 4, letztes leer.
1509 zu Köln bei?[4])

Exemplare von 1483 finden sich zu Göttingen und Metten; von 1501 zu Berlin, 1508 zu München, Tübingen und Maihingen.

Auf die erste Ausgabe, Venedig 1483, muß ich besonders zurückkommen.

Der durch vortreffliche Drucke sich auszeichnende Augsburger Erhart Ratdolt arbeitete auch einige Zeit zu Venedig; hier erschien das „Buch der zehen gebot", dessen Verfasser Marcus von der Lindau, ein Minderbruder, nicht der leipziger Dominicaner Marcus von Weida, nunmehr feststeht[5]). Diese Dekalogerklärung erschien auch zu Straßburg 1516 und 1520[6]), jedoch nur im Anhang der Venediger von 1483 findet sich die Klage:

Hie volget ein erschröckliche beela | gung von einem sterbenden mensch | en wie er sich so übel gehube das er | so unberayt zu dem tode

---

[1]) Riederer, Nachr. zur Kirchen=, Gelehrten= und Bücher=Gesch. 1764, I, 303. 309 gibt eine kurze Analyse nach der Ausgabe von Venedig 1483.
[2]) Panzer I, 221; Zapf, Augsb. I, 119; Hain 9782.
[3]) Panzer I, 252; Zapf a. a. O. II, 3. — [4]) Weller 440. 482.
[5]) (Eigentlich Marquard v. L. Vgl. Eubel, Geschichte der oberdeutschen (straßburgischen) Minoriten=Provinz S. 35; Geffden, S. 42. 109; Scherrer, Handschriften=Katalog von St. Gallen S. 263.
[6]) Hasack, Epheukranz oder Erklärung der zehn Gebote Gottes nach den Original= Ausgaben von 1483 und 151C, Augsburg 1889.

was komen | u. f. w. geht bis Blatt 78, wo es zum Schluſſe heißt: Hie endet ſich das gar nützlich buch | von dem (sic) zehen geboten. .... hie bey mer ein clage | eines ſterbenden menſchen Und das | hat gedruckt meiſter erhart ratbolt | von augſpurg zu venedig. M . cccc . | lxxxiij. | — Deo gracias [1]).

So weit lag vorſtehender Abſchnitt fertig geſtellt da und war be-reits unter die Schriften von unbekannten Verfaſſern eingereiht. Da erfahre ich zu gutem Glücke durch das mit vielem Geſchick gearbeitete, mir erſt ſpät zur Hand gekommene Büchlein Huttler's: Ars moriendi, Einleitung S. VIII, daß dieſe Klage, deren Verfaſſer in keiner der ge-nannten Ausgaben angedeutet wird, unter die Schriften Heinrich Suſo's gehöre, eine freudige Ueberraſchung! So kann alſo dieſe kleine Schrift eines großen Meiſters, jenes ſattſam bekannten tiefſinnigen Dieners Got-tes Suſo als Verfaſſers ſich rühmen [2]); er ſtarb zu Ulm am 25. Januar 1365, wo er im Dominicanerkloſter ſeine Ruheſtätte erhielt. In dem zweiten Theile des andern Buches [3]) von „Büchlein der ewigen Weisheit", dem verbreitetſten deutſchen Andachtsbuch am Ende des 14. und während des 15. Jahrhunderts, von Deniſle als die ſchönſte Frucht der deutſchen Myſtik bezeichnet [4]), iſt die Rede, wie man ſol lernen ſterben und wie ein beraiter Tod beſchaffen iſt. Der Unterricht umfaßt ſechs und eine halbe Folioſeite und beginnt: „Ewige Weisheit! der mir alles Erdreich zu eigen gäb, der wäre mir nit ſo lieb als die Wahrheit und der Nutz, den ich funden hab in dieſer Lehre, darum ſo begehr ich von allem Grunde meines Herzens, daß du, ewige Weisheit, auch noch mehr lehreſt." Antwort der ewigen Weisheit: „ich will dich lernen ſterben und leben, ich will dich lernen mich empfahen, ich will dich lernen mich loben. Nun thu auf deinen innern Sinn und ſehe und höre, ſieh die Geſchichte des grimmen Todes an deinem Nächſten; nimm eben wahr der kläglichen Stimm die du höreſt."

Der Diener hört, wie die Stimm des unberaiten ſterbenden Menſchen ſchriee und ſprach mit gar kläglichen Worten alſo u. ſ. w.

Unſere oben verzeichneten Klage-Ausgaben haben eine kürzere, un-mittelbar auf den Gegenſtand eingehende Einleitung, was im Weſentlichen nichts ändert an dem Sachverhalte, daß die dialogiſch gehaltene Klage

---

[1]) Zapf, Augsb. I, 162.

[2]) Heinrich von Heſſen, eine Zierde erſten Ranges an der Hochſchule zu Wien, ge-ſtorben 1397, ſchrieb gleichfalls eine Commendatio animae, welche Lütolf in einer Hand-ſchrift s. XVII. des Kloſters Hermetſchwil, Ct. Aargau copirt „uß einem ſeer alten buoch" fand; Huttler S. 133—148.

[3]) Blatt 103 der Augsburger Ausgabe von 1512.

[4]) Kirchenlexicon, Zweite Aufl. V, 1726.

eines unvorbereitet Sterbenden auf Suso's Autorschaft zu stellen ist. Augenblicklich kann ich nicht entscheiden, ob diese Ausgaben[1]) auf Hand=schriften beruhen oder auf einer uns nicht überkommenen gedruckten Sonder=Ausgabe.

Die Klage im St. Gallener Sammelband.

Die Stiftsbibliothek zu St. Gallen besitzt unter Nummer 846 ein Sammelbändchen von vier ascetischen Schriften, von welchen drei hierher gehören, weil sie sämmtlich den glückseligen Tod zum Zweck haben[2]). Bei Geiler haben wir bereits das dritte Büchlein kennen gelernt, oben Seite 20. Das erste beschäftige uns hier; das zweite, A B C u. s. w., kommt später zur Sprache: „Keines dieser Stücke," bemerkt mit Recht der In=cunabeln=Katalog, „ist in der gleichen Ausgabe irgendwo verzeichnet."

Als erstes Büchlein also steht voran eine Klage. Der roth gedruckte, innerhalb schwarzer, aus Laubwerk, Blumenkelchen mit Heiligenfiguren gebildeten Umfassung stehende Titel lautet:

Ein Er-
schrockenliche
klag eins weltlich sterbenden und
do gegen ein Trostung eines je
ligen menschen, uß der heiligen
geschrefft nützlich gezogen.

Diese Klage bezeichnet der Titel weiter als: Geprediget vor iaren in der loblichen Thumstift zu Basel, — ohne Andeutung, von wem sie geprediget worden.

Auf der Rückseite des Titelblattes ein Holzschnitt (Kranker, ihm sprechen zwei Personen zu), darunter acht Verse:

O mensch bedenk dein letztes end! u. s. w. Der Schluß auf Blatt 30: Hie endet sich dise matern der sterbenden mit kurzem begriff. A. E. J. O. U.; darunter A. H.; es folgen noch 10 Blätter mit Ge=beten, im Ganzen: 40 Blätter zu 22 Zeilen[3]).

Wir finden hier, wenigstens am Anfange, den Grundgedanken wie oben bei der Klage eines Menschen, der weltlich gelebt; ein Gott lieb=habender seliger Mensch bittet Gott um Erkenntniß, wie er selig sterben könne. Gott empfiehlt ihm Absterben aller Leibslüsten u. s. w. Dessen zur Unterweisung läßt ihn Gott an das Sterbebett eines Weltkindes

---

[1]) Die älteste Ausgabe 1483, und Suso's Buch erst 1512!

[2]) Ein einliegendes Zettelchen bezeichnet diese vier Stücke als Preßerzeugnisse des Mich. Furter zu Basel.

[3]) Die bei Weller 46 genannte Ausgabe wird sich hoffentlich wiederfinden.

treten, aus deffen Munde er die bittern Klagen über schlecht angewendete Lebenszeit vernimmt.

Der durch ein Bild kenntlich gemachte zweite Theil enthält das, was einem sterbenden Menschen auf seinem Tobbette ernstlich vorzuhalten sei, nämlich: 1. zu dem ersten soll der Mensch alles unrechte Gut wieder zurück geben; 2. allen Schaden an der Ehre wieder gut machen; 3. den Tod gedulbig hinnehmen; 4. nicht verzweifeln; 5. seiner guten Werke nicht vermessen sein.

Zu dem letzten, so der Kranke die heil. Sacramente empfangen hat, sind ihm vorzuhalten nachfolgende Artikel auf die er antworten soll, nämlich die gewöhnlichen Anselmischen Fragen. Das Ganze schließt mit bekannten Gebeten.

7. Textor, Migrale 1503.

Wilhelm Weber (Textor), Zwewer, zu Aachen geboren, deshalb auch Wilhelm von Aachen genannt, wurde um Ostern 1446 zu Erfurt immatriculirt, erwarb sich die theologische Doctorwürde, wurde dann Lehrer daselbst, hierauf Prediger am Münster zu Basel [1]. Am 9. April 1474 wurde er in Aachen zum Canonicus gewählt und erhielt die zweite Prä= bende; am 12. Sept. 1512 wurde sein Nachfolger in Folge päpstlicher Verleihung vom Capitel abmittirt, weshalb Weber 1512 gestorben sein wird und zwar in einem der päpstlichen Monate [2].

Herr Universitäts=Bibliothekar Dr. Sieber zu Basel theilt mir aus gedruckten und ungedruckten Quellen zur Geschichte Basels gütigst mit: Wilh. Textor war der erste canonicus praedicans am Baseler Münster und als solcher ein feuereifriger (fervidus) Prediger, welcher Geistliche wie Weltliche mit besonderer Eloquenz und Eifer von Lastern abzuziehen suchte. Er war zugleich Professor der Theologie an der Baseler Hochschule, mehrmals Dekan der theologischen Facultät (1463, 1469, 1470 und 1471) und zwei Mal Rector (1463 und 1467); er machte eine Reise nach Palästina; während seiner Abwesenheit predigte für ihn der nachmalige Carthäuser Johann von Stein, welcher in eine seiner Handschriften den Vermerk setzte: 10. mart. hodie rediit doctor Wilh. de Hierosolym. anno 78.

Im Jahre 1472 resignirte er auf Dekanat, Facultät und Regentie in theologia. Eine Baseler Handschrift bemerkt: Hic magne honestatis

---

[1] Die Gründung dieser Predigerstelle fällt in's Jahr 1469. Fall. die Tom= und Hofpredigerstellen im Ausgange des Mittelalters. Hist.=pol. Bll. LXXXVIII, 86.

[2] Nach Aachener Stiftsarchivalien von Hrn. Canonicus Dr. Kessel mir freundlichst mitgetheilt. (Chevalier Répertoire p. 2251; Hartzheim, biblioth. Col. p. 109.)

et reverentiae in humanis fuit in Aquensi ecclesia canonicus adhuc 1500, b. i.: Dieser, in hohen Ehren und Ansehen, lebte noch 1500 zu Aachen als Stiftsherr an der Münsterkirche. Vgl. Athenae Rauricae und Bischer, Gesch. der Univers.; Baseler Chroniken passim.

Trithemius zählt Textor's Werke auf, jedoch nicht sein lateinisch geschriebenes Buch Praeparamentum christiani hominis ad mortem so disponentis, welches bei Hermann Bungart in Köln 1502 erschien[1]). Hiervon erschien eine deutsche Uebersetzung, welche der Baseler Car=thäuser Ludwig Moser zu St. Margarethenthal (Klein=Basel) auf Bitten seines Priors übernommen hatte. Moser, der fleißige Uebersetzer er=baulicher Tractate von Kirchenvätern und Kirchenschriftstellern, hatte dem Textor, Doctor Wilhelm von Auch, die 33 Bogen starke und mit 55 Holzschnitten gezierte „Bereittung zum heil. sacrament mit andechtigen betrachtungen und gebetten vor und nach" früher schon gewidmet[2]).

Der Titel des Migrale lautet:

Eyn seer vruchtbars boexten ge= | nant Migrale. Dienende vur allen gesunden und | krancken aber siechen Christen mynschen. Und ouch | eyn guede underwnsonge der bichtvaders und dien= | res in der Firmerie u. s. w.

Am Ende: Gedruckt zo Coellen up dem | Aldemart zo dem Willbe man by Hermannum bungart.

Es erschienen hiervon zwei Ausgaben bei demselben Drucker, eine von 1503[3]) und die zweite ohne Jahresangabe um 1510[4]); von letzterer Ausgabe besitzt das Landesarchiv zu Düsseldorf zwei Exemplare, von der ersten die kgl. Bibliothek zu Berlin ein am Anfang und Ende de=fectes, aber handschriftlich ergänztes Exemplar.

Textor's Migrale weicht von der gewohnten Form der uns seither begegneten Sterbebüchlein ab, wie schon der bedeutende Umfang ver=muthen läßt, und baut sich selbständig auf. Die Analyse fällt etwas schwer, weil sowohl Uebersicht als Rubriken fehlen, nur im letzten Drittel des Buches findet sich ein dem Auge einen Ruhepunkt gewährendes Alinea und darauf die (mit rother Farbe unterstrichene) Ankündigung:

„Hiernach folgen etliche Ermahnungen, die auch dem Kranken oder sterbenden Menschen nützlich sind, in dem ersten, wie die Prälaten und obersten Regierer (Seelsorger, Siechmeister) an ihrem letzten Ende zu vermahnen und zu warnen sind."

---

[1]) Panzer, Annal. typogr. VI, 351, Nr. 36.

[2]) Weller 101; Incunab. von St. Gallen 1131; über Moser vgl. Schmidt, hist. littér. de l'Alsace. Index.

[3]) Panzer III, 97 nach Hartzheim Bibliotheca Colon. p. 108.

[4]) Weller, Suppl. 1, S. 7. Nr. 55 und Register S. 68 s. v. Moser. Norrenberg, Köln. Litteraturleben S. 26. 27.

Unter Beiziehung vieler Stellen aus der Bibel, den Kirchenvätern und kirchlichen Schriftstellern kommt der Verfasser zuerst auf die Schmerzen zu reden, welche Leib und Geist des Kranken angesichts des Todes zu befallen pflegen, geht über zu den mancherlei Anfechtungen durch den bösen Geist gegen den Glauben, die Hoffnung u. s. w. Gemahnt wird, daß ein guter Freund dem Sterbenden beistehe und ihm vorspreche Gebete und Betrachtungen.

Eine Stelle sei wörtlich ausgehoben. Zu dem achten Mal werde dem Siechen vorgehalten: Also du glaubst doch, daß du nicht ohne den Glauben und ohne das Verdienst des bittern Leidens Christi kannst gerettet werden? Sprech er: ja, ich glaub's und es ist wahr. Sprech der Beiständer, lieber Bruder oder Schwester, das ist ein großer Trost und ein groß Zuver= sicht allen Christenmenschen, daß von Anfang der Welt alle Menschen behalten (bewahrt, gerettet) sind in unserem Glauben und im Leiden Christi, also ist wahr, daß wir mit unserem Verdienste und Leiden in dieser Zeit nichts verdienen mögen, als zeitlichen und vergänglichen Lohn, sondern daß es alles nichts ist zu achten und ungleich gegen den ewigen Lohn der ewigen Freuden, denn allein durch das Verdienst unseres Haupts Jesu Christi . . . verdienen wir ewiglich selig zu sein und behalten zu werden.

Darum alle die weil du lebst und die Seele in deinem Leibe ist, so habe eine starke feste Hoffnung und Vertrauen zu dem seligen Tode und Verdienen Christi und darauf allein und ganz wolle dein Zuversicht setzen und dein Vertrauen, daß du dadurch behalten werdest und nicht durch dein Verdienen.

In denselben Tod Christi versenk dich und befehl dich ganz zumal und gedenk stets ohne Unterlaß und setze denselben Tod für deine Augen und in dein Gemüthe und entlaß das Zeichen und Bild des heil. Kreuzes Christi nicht außer deinen Händen und Augen, und sieh' an mit begehr= lichen Augen deines Herzens, wie und was er für dich gelitten und ge= than hat, und dies heil. Kreuz umfange mit freundlichen Küssen und Hälsen, und alle deine Liebe und Innigkeit beweise entgegen ihme.

Anhang zum Abschnitt B.

Die Fragen Anselm's.

Am Schlusse dieses Abschnittes über die Sterbebüchlein von be= kannten Verfassern müssen wir einen Rückblick thun. In der gesammten Sterbebüchlein=Litteratur treten nämlich gewisse Gruppen wiederholt auf, wie sie uns auch später noch begegnen werden, zunächst die fünf Teufels=

und Engelseinsprechungen der Ars bei ihrem ersten Erscheinen; auch die
Gerson=Geiler'sche Praxis kehrt wieder. Von einer dritten Gruppe, den
Fragen, müssen wir hier reden, da auch sie zu dem Bestande der Sterbe=
büchlein gehören. Chronologisch genommen verdienten diese Fragen
die erste Stelle, da sie die ihnen folgende Ars sowie Gerson=Geiler be=
einflussen, doch bilden diese Fragen nicht eine selbständige Schrift.
Mehrmals geben die Fragen ihre Urheberschaft an, nämlich einen heili=
gen Anselm, unter welchem der berühmte Erzbischof von Canterbury, gestorben
1109, zu verstehen ist. In der That findet sich unter den Werken dieses
angesehenen Schriftstellers, so in der Pariser Ausgabe von 1721
S. 194, ein Formular von Fragen und Antworten [1]), wie sie für den
gedachten Zweck sich eignen, mit der Ueberschrift:

*Sancti Anselmi udmonitio morienti et de peccatis suis nimium
formidanti.*

Interrogatio: Laetaris, frater, quod in fide christiana moreris?
Responsio: gaudeo; folgen die weitern Fragen.

Zunächst faßt Anselm Klosterleute in's Auge, aber auch für die in
der Welt Lebenden sollen die Fragen dienen, deßhalb: si fuerit saecularis,
infrascripto modo debet interrogari per sacerdotem.

Einer wörtlichen Uebertragung der gesammten Fragenreihe [2]) be=
gegnen wir in dem großen Erbauungs= und Betrachtungsbuche genannt

Der Schatzbehalter oder schrein der waren reichtümer des haifs und der ewygen seligkeit,

welcher 1491 bei Anton Koberger erschien, geziert mit den 96 merk=
würdigen blattgroßen Holzschnitten Michel Wolgemut's, in 352 Folio=
blättern [3]). „Ein so reich illustrirtes, mit so großen sorgfältig durchge=
arbeiteten Holzschnitten versehenes Buch war bis dahin unerhört," sagt
Richard Muther, Bücherillustration.

---

[1]) Gewisse Handschriften, allerlei Formeln enthaltend, haben auch die anselmischen
Fragen als stehende Formel, so Wiener Handschr. 12898: Anselmus Cant., Ars moriendi in dialectum Germaniae infer. translata oder Anselmi Exhortatio ad fratrem
moriturum in derselben Handschr. (vom 15. Jahrhdt.) — Migne, Patrologia lat. CLVIII
et CLIX. Paris 1853.

[2]) Sinceri Neue Nachr. von lauter alt. Büchern 1753 S. 30, sowie Weller, Altes
aus allen Theilen der Gesch. 1766, II, 423 theilen das ganze Formular übersetzt als
Merkwürdigkeit mit.

[3]) Der Verfasser, Stephan Fridelinus, aus Winnenden, de ordine minorum, war
16 Jahre lang Prediger im Nonnenkloster St. Clara und starb 1498. Vgl. Binder, Cha-
ritas Pirkheimer. 2. Aufl. S. 39. 216. Schon Strauß, Mon. typogr. in Reddorf p. 215,
(Panzer I, 190) nennt einen P. Stephan als Verfasser: „wie im Anfange und am Ende
geschrieben zu lesen ist". Eubel, Minoritenprovinz S. 85. — Gute Exemplare erreichen
Preise bis 700 Mk. Siehe Katalog Cohn 53 (Berlin) Nr. 1209. 1210.

Der stattliche Foliant dient besonders der Betrachtung des Leidens und Sterbens des Erlösers, er ist sozusagen der große Myrrhengarten unserer Voreltern, wie das aus den Columnenüberschriften erhellt: Daß das Leiden Christi der wahr Schatz ist.

Von der Weis und Uebung zu bedenken das Leiden Christi.

Das Leiden Christi von Ewigkeit fürgenommen, geoffenbart den Engeln, den Stammeltern; in den Patriarchen und Gerechten, sowie durch die Opfer vorbedeutet.

Alle (priesterliche und königliche) Würdigkeit hat Christum bedeutet.

Von dem innern Leiden des Herrn.

Das ganze Leiden Christi in seinen einzelnen Vorgängen.

Von den sieben letzten Worten, ihrer Stärke, ihrer Schönheit, Liebe, Süßigkeit.

An diese Betrachtungen schließt sich:

Beweisung aus der Vernunft, daß ein einiger Gott muß sein.

Von den Chören der Engel. — Von den zwölf Artikeln des Glaubens.

Daß wir durch den Glauben gewappnet und geziert werden.

Daß drei Person in der Gottheit sein.

Wie man Gott kennt und nit kennt; von seiner Barmherzigkeit.

Von den Früchten des Leidens Christi — von Christi Begräbniß.

Betrachtung des Leidens Christi in Gebets Weise.

Der Verfasser verschweigt seinen Namen, bittet aber, wenn Gott der Herr etwas guts aus Lesung diß buchs verleiht, doch zu gedenken des, der das zusamengelesen hat umb des heil. Leidens cristi willen, durch das wir allein müssen selig werden.

Dem Ganzen gehen zwei Vorreden vorher, wovon die zweite er-innert, wer groß reichtümer mit leichter geringer arbeit überkommen will, der geb sich auf diese Uebung, und halte sie als einen reichen köstlichen Schatz, als ein gewiß Pfand des himmlischen Königreichs. Denn es spricht ja das römisch Ordinarium (das ist das Buch darinnen geschrieben steht, wie man alle Ding in dem göttlichen Amt ordentlich thun soll) unter anderm, wie man einen Menschen, der zum Tode nahet, fragen und ermahnen und bewahren soll; da setzt es, daß man Einen also fragen soll:

Freust du dich, das du in dem hail. cristen glauben stirbst? — Er sol antworten: Ja, ich freue mich sein.

Vergichst oder bekennst du, das du nit gelebt hast als du solltest gelebt haben? Ja, ich bekenn es.

Reut es dich? Ja.

Hastu willen dich zu bessern, ob (wenn) du lenger leben solltest? Ja.

Glaubst du auch, daß unser her ihesus cristus, des lebenbigen gotes sun, für dich gestorben ist? Ich glaub es.

Dankst du im? Ich dank im.

Glaubst du das du sunst nit magst behalten (gerettet) werden ben durch seinen Tod? Ich glaubs.

Ey so setz alle bein zuversicht (die weil bein sel in bir ist) allain in bisen tob und in kain anber bing habst du hoffnung. In bisen tob sent dich gantz und gar, mit bisem tob bebeck dich gantz. In bisen tob wickel dich, und ob (wenn) dich got ber herr richten ober urtailen will, so sprich: herr, ben tob unsres herren iesu christi beines suns würff ich zwischen mich und bein urtail[1], sunst sprech ich nit (nichts) mit bir. Spricht er (Christus), du habst verbient, das du verbampt solt werben, so sprich: Herr, ben tob unsers herrn ihesu cristi würff ich zwischen mich und mein verwürckung, und sein verbienst für bas verbienen bas ich solt haben und hab es nit. Sprich aber, herr, ben tob unseres herren ih. cr. setz ich zwischen mich und beinen zorn; barnach sprich zum britten mal: herr in bein henbt emphil ich meinen gaist.

Die Vorrede schließt:

Merk ein tröstlich wort.

Der wird sicher (gut) sterben, der bise bing vor seinem tob vergicht (bekennt) und wird ben tob nimmer sehen.

Siehst du hie, was die getreu Mutter aller Christenheit ratet, was sie lehret, worauf sie uns weiset, zu wem ober wozu sie uns schicket in ben allergrößten nöten. Sihstu, daß der heil. anbächtig lehrer sant Anselm, in bes Geschriften solche Frag, Ermahnung und Gelübnuß gefunden werben, und die alerweiseste und getreueste Mutter, die römisch Kirch, ihre höchste und größte hoffnung in bas Leiben und Sterben Christi setzen und biese Mutter weiset ihre Kinder in ben größten und letzten Nöten zu bemselben, bamit sie Gezeugniß gibt, daß kein sicherer Zuflucht ist in Nöten benn zu bemselben[2].

Hervorhebung verbient, worauf schon die Vorrede hinweist, baß biese Privatarbeit Anselm's officiellen Charakter erhielt burch ihre Aufnahme in bas Ordinarium Romanum, b. i. Agenbe der römischen Kirche. Unb der Bibliograph Weller bemerkt — zu seinem Staunen —, baß

---

[1] So betet seit Anselmi Zeiten die katholische Christenheit bis heute! Wie oft habe ich selbst in der monatlichen Bruderschaftsandacht vom allerh. Sacrament mit ben Gläubigen gebetet: „O Herr Jesu Christe! Du Sohn bes lebenbigen Gottes, setze bein Leiben, bein Kreuz und beinen Tob (nicht mein Verbienst) zwischen bein Urtheil und meine Seele, jetzt und in ber Stunbe meines Tobes." Mainz. Diöcesan-Gesangbuch, S. 531. Wann wird man unserer Lehre seitens akatholischer Autoren Gerechtigkeit wiberfahren lassen?!

[2] Janssen, Gesch. bes beutschen Volkes I, 43. 44 ber 13. 14. Aufl.

der Liber agendorum dioecesis schleswicensis 1512 sie gleichfalls habe, die Kirchenagenden, wie sie in Polen, besonders in Gnesen, vor der Reformation in Uebung waren, stimmten gleichfalls genau damit überein.

Es war mir nicht möglich, diese Andeutung weiter zu verfolgen, und festzustellen, welche alte Agenden, römische und deutsche, das Anselmische Frageformular in ihre Riten aufgenommen haben.

Vielleicht fällt uns die Frageform bei diesem Anlasse auf; doch wir müssen uns zur billigen Beurtheilung in die mittelalterliche Uebung zurück denken, wonach auch bei Ablegung des Sündenbekenntnisses eine ausgedehnte Frageweise stattfand, aus welcher sogar später der Katechismus sich entwickelte. Während heute dem Seelsorger die Schule Gelegenheit zur Belehrung in der Glaubenslehre sowie zur Controle über die Aufnahme dieses Unterrichtes und über die Befähigung zum Sacramenten= Empfang bietet und somit den das Bußsacrament spendenden Priester bedeutend entlastet, war ehemals die Beicht in der Regel die einzige Gelegenheit, wo der einzelne vor den Seelsorger tretende Christ über Glauben und sittlichen Wandel auf Grund des Glaubens Rechenschaft ablegte. Aus sothaner Anschauung und Uebung heraus erklärt sich die Anselmische Frageweise als den Zeitverhältnissen entsprechend, ja als Bedürfniß. Daß sie, abgesehen von allem, von praktischer Bedeutung war, erhellt aus ihr selbst: diese bestimmt formulirten Fragen riefen jene Tugend= acte hervor, welche den Austritt des Christen aus dem Dießseits in's Jenseits begleiten sollen; einem bangen Gemüthe zumal gewährten sie Sicherheit und Trost.

C. Die Sterbebüchlein von unbekannten Verfaſſern.

Der vorausgehende Abſchnitt machte uns mit Sterbebüchlein bekannt, deren Verfaſſer meiſt ohne Mühe gefunden waren, da ſie ihre Namen ihren Büchlein beifügten. Es ſind hochklingende Namen, welche uns hier begegneten, Namen von Größen ihrer Zeit, wie eines Gerſon, eines Geiler, eines Mantuanus und Capranica, eines Suſo, Textor und An= ſelm. Die ungetrübte Einheit im Glauben drückte den Geiſtern jener Jahrhunderte ein Gepräge der Einheit auf; bei aller Größe in Stellung und Verdienſten wußten jene Männer ſich eins mit dem geſammten chriſtlichen Volke; bei aller Gelehrſamkeit blieben ſie nicht unfruchtbar und entfernten ſich nicht vom praktiſchen Leben; ſie ſchreiben, erfüllt von der Bedeutung eines glückſeligen Todes für ſich ſelbſt, Büchlein als Führer für die großen Maſſen des Volkes, damit dieſe, hienieden ver= eint mit ihnen in Glaube und Liebe, auch durch ein gutes Sterben eins würden und blieben mit ihnen im Jenſeits. Noch ein Erasmus ſchreibt ein Liber de praeparatione ad mortem, zu Baſel 1534 in Druck aus= gegangen [1].

Wir kommen nunmehr zu dem Abſchnitte, welcher die Sterbebüch= lein unbekannter Autorſchaft uns vorführen ſoll. Gerade deshalb wird der Abſchnitt ein weniger lebendiges Bild geben, weil uns die Kenntniß der Lebensumſtände ihrer Verfaſſer abgeht. Er wird aber damit nicht an Beweiskraft verlieren; mag auch die Annehmlichkeit des Leſens dabei Einbuße erleiden. Das trockene Aneinanderreihen von Büchlein nach Titeln und Ausgaben ſoll wie eine nubes testium ſeine Wirkung thun, ähnlich den noch trockenern, ja langweiligen bibliographiſchen Aufſtel= lungen in meiner „Druckkunſt im Dienſte der Kirche“ und auch in den „Meß= auslegungen“. Was es nützt, in dieſer Art Beweisführungen aufzu= ſtellen, mag der geneigte Leſer aus jenen Worten entnehmen, die Paſtor, Geſchichte der Päpſte II, 310 Anmerkung, in den letzten Tagen nieder= ſchrieb: „Ein lebendiges Bild von der mannchfachen und vom beſten Er= folg begleiteten Förderung, welche die Kirche in allen Ländern Europa's

[1]) Der berühmte Dominicaner Joh. Nider ſchrieb ein Dispositorium moriendi, welches nur lateiniſch erſchien; eine Analyſe davon in Schieler, Magiſter J. Nider S. 393. Nider ſchließt ſich zum Theil an Vorgänger an, zum Theil gibt er neue Gedanken. Im Anſchluß an Nider urtheilt Seb. Brunner, Predigerorden in Wien, S. 36: „Die Bücher, welche ſich die Aufgabe ſtellen, den Leſer auf den Tod vorzubereiten, haben auch zu jener Zeit keinen beſondern Anklang gefunden.“ Dieſes Urtheil bedarf der Modification!

der Erfindung Gutenberg's in ihren ersten Jahrzehnten zu Theil werden
ließ, hat Falk, die Druckkunst u. s. w. auf Grund eines höchst ausge-
breiteten und theilweise fast unbenutzten Materials entworfen. Seit-
dem ist diese Ansicht gegenüber den Vorurtheilen früherer
Zeit auch auf protestantischer Seite zum Durchbruch gekommen, vergl. Hase, Die Koberger, 2. Auflage, Leipzig 1885."

1. A B C, wie man sich schicken soll zu einem seligen Tod. 1497.

Der Klage und der Geiler'schen Schrift in dem St. Gallener
Sammelband 846 (oben Seite 20) folgt das A B C mit einem eigenen
Titel auf Blatt 1:

> Ein A B C. wie man sich
> schicken sol, zu einem koßli
> chen seligen tod.

Blatt 2 eine Vorrede, beginnend: (S) Ittenmol der tod der sünder,
als David spricht, ist der aller böst, wenn er ist ein end aller fröiden
diser welt und anefang des ewigen jamers. Aber hochgültig ist in der
angesicht des herren der tod syner heylgen, denn er ist ein end alles
lybens, und anefang ewiger froiden, dorumb ist einem ieglichen menschen
nüt nöters als u. s. w.

Wer einen seligen Tod erlangen will, möge benutzen diese 27 Regeln, die gezogen sind mit großem Fleiß aus vielen heil. Lehrern, die
da schrieben von der Kunst des Sterbens, und die geprediget worden
mit weiterer Auslegung auf eine jegliche Regel eine besundere Predigt,
hier aber zu bloßer Gedächtniß auf's kurzeste begriffen und gesetzt sind
in eine Ordnung des abc, daß sie desto baß behalten werden.

Die erst Regel.

a nsohen mit einer ganzen bycht, also daß ein mensch der nie kein
kindlich und gemein Beicht getan hatt von sinen jungen Tagen,
sich ein guten Beichtvater auserwähle (Generalbeicht).

Die ander Regel.

b ehüten sich vor hohen steten. Widerstehe und wer (mehr) dich mit
allen Kresten, so feru du nit durch Gehorsam gezwungen wirst,
vor verantwortungsvollen Stellen.

Die dritte Regel.

k ein gemeinschaft haben mit den Gewaltigen und großen herren.

d ürr streng und schlecht leben u. s. w.

e wiger künftiger ding ingedenk sin.

f rnliche und fröhliche ußtehlung des almuſens.

g nadenrychen ablas erlangen.

h aben oder nehmen einen ſycheren geiſtlichen ſtat (d. i. ſtrengen Orden).

i nneclich zu herzen laſſen gon das ellend diſes jomertals.

k eſtigung (Kaſteiung) willidlich uffnemen.

l uſtes der ewigen fröiden begeren.

m eß leſen oder das heil. ſacrament bic entpfohen.

n uwe oder vernünftige ordnung der zytlichen güter.

o n underlas got bitten u. ſ. w. umb ein ſelig end.

p eſtellen einen getruwen mönſchen, der behilflich ſei im Sterben mit Ermahnen, Vorleſen, Vorbeten und dich reize zu den Dingen, die eim Sterbend noth ſind.

q uickende (erquickende) erlabung des heilgen ſacrament.

r edlich entſchlahung aller weltlicher ſorgen.

ſ chlüß uß erfarung dyner conſcienz, d. i. abſchließen im Gewiſſen bezüglich der gebeichteten Sünden, um nicht zu verzweifeln.

t ucken und ſich bemütecklichen trucken durch ein ganze verzwyhfelung an ſynen verdienſten und krefften. Hüt dich in der ſtund dynes ſterbens vor hochfart, vermeſſenheit und üppigem wolgefallen dyner guten werck. Sunder all die hoffnung und vertruwen ſetz in das lyden, ſterben, und verdienſt unſers l. H. J. Chriſti. Wann (denn) alle unſer gerechtikeiten falſch ſind und vor der angeſicht gottes als eyn befleckt unrein tuch.

w illecklichen uffnemen der ſchmerzen des ſiechtags und todes.

x penliche (?) tugenden, beſunder den glouben üben.

y innerliche gebet mit herzen und uſſerliche mit worten durch dich oder umbſtonden.

z eichen des lydens u. H. J. Chriſti u. ſ. w., d. h. ſich das Kreuz vorhalten laſſen.

Mag auch der Zuſammenhang dieſer Regeln ein äußerlich loſer ſein, ſo fehlt es denſelben doch nicht an Ernſt; als Büchlein für das Volk that es gewiß ſeine Dienſte.

Dieſes ABC umfaßt 9 bedruckte Blätter zu 24 Zeilen; am Schluſſe heißt es, da die erſte Regel „Anfohen mit einer ganzen beicht" ſei, ſo folge hier unmittelbar ein Beichtbüchlein; letzteres, in Verſe ſeinen Gegenſtand behandelnd, iſt defect; es gehört zu den Geiler'ſchen Schriften [1]).

Die allerletzte Zeile gibt uns glücklicherweiſe noch die Jahreszahl 1497:

MCCCCICVII.

Man kennt ein zweites Exemplar dieſes bei Michel Furter in Baſel gedruckten Sterbebüchleins bis jetzt nicht.

---

[1]) Dacheux, Aelteſte Schriften Geiler's, S. VII und S. 131; Weller 1099.

2. Die fünf Anfechtungen. Augsburg 1472.

Im Jahre 1472 verließ die Presse des Johann Bämler zu Augs=
burg ein Foliant von 119 Blättern, welcher mehrere Einzelschriften
enthält, so eine Lehre und Unterweisung, wie ein junger Mensch sich
in Ehrbarkeit und guten Sitten erhalten soll — wie sich zwei Menschen
in dem heiligen Sacrament der Ehe halten sollen u. s. w.[1]). Uns
interessirt hier:

Hienach volgent die funff anfächtigung die ein neblich mensch | ersteen
muß in seinen letzten zeiten mit sampt funff heylsamen | gepeten die offt
und nuczlich zesprechen sind mit andacht[2]).

Diese Anfechtungen, in großen Typen gedruckt, füllen drei Folio=
blätter. Der Text beginnt: „Seyden mal der gang des todes auß disem
gegenwärtigen ellend von unwissenheit des sterbens vil leütten geistlichen
und welltlichen zu mal schwer forchtsam und erschrockenlichen scheinet
wann (denn) under allen erschrockenlichen dingen der tod des leibes aller
erschrockenlicheft ist, doch so ist der tod der sel so vil erschrockenlicher
und mer zu fliehen, so vil als die sel edler ist denn der leib, und aber
die sterbenden menschen an iren letsten enden gar schwäre anfechtung
habent schwärer dann sy in dem leben vor (zuvor) nie gehabt haben.
Mit namen fünff aller treffenlichester die einem neblichen menschen umb
heiles willen seiner sele, und wie er den widerstand geben sol notturfftig
sind zu wissen. Die erst anfechtung ist in dem glauben u. s. w."

Wir finden hier als einleitenden Gedanken sowohl ein Moment aus
Capranica (cum de presentis exilii miseria mortis transitus etc.), als
aus der ersten Ars den Aristotelischen Gedanken, daß der Tod das
allerschrecklichste aller Dinge ist. Sehen wir ab von der Einleitung,
so bietet der Text nichts als die bekannten fünf Tentationen (Unglaube,
Verzweiflung, Ungeduld, Selbstwohlgefallen, die Sorge um Weltliches)
zum Schlusse einige Gebete, davon ich die Worte aushebe:

„Herr Jesu Christe, ich heisch dein paradiß nit von werde meines
verdienens, wann (denn) ich staub und äsch bin, und der erbarmlichest
sünder, (sondern) in kraft und würken deines allerheiligesten leidens, dar
durch du mich ellenden sündigen menschen hast wöllen erlösen und mit
deinem rosenfarben plut mir das paradiß aufschliessen" u. s. w.

Der Drucker Bämler ließ 1476 dieselben · Tractate in Quart
erscheinen, darunter wieder:

„Hienach volgen die fünff anfechtungen dye ein negtlicher mensche
besteen muß in seinen leczten zeyten. mitsampt fünff heilsamen gepeten
die offt un nüczlich zu sprechen sind mit andacht"[3]).

[1]) Zapf, Augsb. I, 20 nach Gözen's Merkw. I, 161; Hain 10 005 gibt die Trac=
tate ohne Erwähnung der Anfechtungen. — [2]) Das Exemplar aus Dresden liegt mir vor.
[4]) Nach Hain 10 006; vgl. Zapf, Augsb. I, 37. 38.

3. Betrachtung des Todes, um 1500.

Aus 7 Blättlein besteht die Betrachtung der Stunden und zu jeder der 12 Stunden des Tages eine Betrachtung des Todes, wovon wir das Titelbild nebst Titel in Facsimile wiedergeben.

Das Büchlein scheint einen Ordensbruder, wie wir ihn auf dem Titelbild sehen, vielleicht Carthäuser, zum Verfasser zu haben. Auf der letzten Seite lesen wir:

¶ Gedruckt zu Phortzheim.

Der Drucker kann nur Anselm Thomas sein, welchen wir auch zu Straßburg, Tübingen und Hagenau thätig sehen. Der Text zeigt fol= gende Einrichtung. Bei jeder Stunde, z. B.: So es .1. schlecht — So es .2. schlecht, gibt das Büchlein ein Gebet zu Gott; jedes Gebet beginnt: Barmherziger ewiger got, lob und danck sag ich dir uß hertzen das du mich hast lassen kummen zu dieser stund. So ich hab gehört 1 schlahen, würd ich ermant u. s. w. Jedem Gebete folgt eine kürzere, reimweise Betrachtung des Todes.

Zu bemerken bleibt noch, daß jedes der 12 Gebete sich an eine mit einer Wahrheit verbundene Zahl anschließt und zwar:

1 Uhr erinnert an ein Ding, wie David gebeten um ein Ding, nämlich zu wohnen bei Gott ewiglich [1].

2 Uhr erinnert, mit Salomen 2 Ding zu begehren, nämlich, daß du von mir nehmest Ueppigkeit und Unwahrheit.

3 Uhr — 3 sind, die Zeugniß geben.

4 Uhr — 4 Evangelistenbilder (Mensch, Rind, Löwe, Adler).

5 Uhr — 5 Brote (der Reue, Betrübniß, Mitleid, Furcht, der Ersufftzung und Verlangens).

6 Uhr an die 6 Staffeln an Salomon's Thron.

7 Uhr an die 7 Gaben des h. Geistes.

8 Uhr an die 8 Menschen, die bei der Sündfluth gerettet wurden.

9 Uhr an die 9 Chöre der Engel.

10 Uhr an die 10 Gebote Gottes.

11 Uhr; etliche kamen zur 11. Stund des Tags und fanden noch Annahme in den Weinberg, also deiner Barmherzigkeit ist kein Zahl.

So es xij schlecht

Barmherziger u. s. w. wie oben. So ich hab gehört 12 schlahen, wurd ich billig ermahnt die zwölf Artikel des gemeinen christlichen Glaubens festiglichen ohn Zweifelung zu glauben, deren Artikel berühren Sechs dein hohe Gottheit, die zu schauen, darauf steht aller ewig Selig- keit; die andern sechs Artikel berühren die heilige und schöne Menschheit unseres lieben Herren Jesu Christi, durch den wir auch haben Zugang zu der Glorie deiner auserwählten, als geschrieben steht: das ist das ewig Leben, daß wir Dich Gott Vater erkennen als ein wahr Gott und Jesum Christum den du in diese Welt gesand hast; hiermit wird auch Bekenntniß des hl. Geistes, wann (denn) er von euch ausgeht. O Herr, erbarme dich mein und verleihe mir bis an mein Ende zu verharren mit diesem unsern gerechten Glauben, der da ist ein Licht der Seelen, ein Port des Lebens, ein Freudenmeer des ewigen Heils. Ja ein An- fang und ein Beschluß alles Guten.

---

[1] Jedesmal wird eine Erklärung hierzu gegeben.

Betrachtung des tods:

Snt (da) der Tod nit ist zu meiden,
So söllen wir in gern leiden.
Ein willig von hinnen abscheid
Fördert uns zu der seligkeit.
Zu sein by got dem höchsten hern
Sol ein ieder mit ernst begern.
Das mag nit gesein on sterben
Got verlihe uns sein gnad erwerben
So ist ein guter bodt die port
Da durch man kumbt an dasselb ort[1]).

Der Verfasser weiß an die einzelne Zahl (von 1—12) eine wichtige Wahrheit zu knüpfen, und er versteht es, aus dieser Wahrheit, wenn auch etwas auf Umwegen, eine Mahnung mit Hinblick auf glückseliges Sterben zu entwickeln.

Ausgaben, beide ohne Jahr, mit Titelholzschnitt,

um 1500 zu Pforzheim bei Thomas Anshelm,
um 1510 zu Nürnberg bei Joh. Weissenburger.

Man kennt von jeder Ausgabe nur je ein einziges Exemplar, von der erstern zu Tübingen, von der zweiten zu Bamberg[2]). Hieran schließen wir eine andere Betrachtung in Gedichtsform:

Betrachtunge der
stund und Zukunfft
des todes.

Am Ende: Gedruckt zu Erfurt von Wolffgang Schenken nach cristi geburt M.CCCCC.V, 4 Blätter in Quart mit sehr einfachem colorirtem Titelholzschnitt. Nach dem mir vorliegenden Exemplare der Münchener Hof- und Staatsbibliothek beginnt das nur fünf Seiten einnehmende Gedicht:

ES was eins mals das ich bedacht
Wie ich mein wesen het volbracht
Von anfangk meiner Jugend her u. s. w.[3])

Es bietet ein besonderes Interesse nicht; die Gedanken bewegen sich in Erforschung des verflossenen Lebens und in Reue über nicht gut verbrachte Lebenszeit.

---

[1]) Nach dem mir vorliegenden Tübinger Exemplar.
[2]) Weller, Suppl. 1, S. 1 (133) und 533. — [3]) Weller 310; bei Panzer, d. A.
III, 101 ist nur der Titel erwähnt, „in Zapf's Sammlung".

4. Ein lobliches und nuhbarliches Buchlein. 1493.

In diesem löblichen und nuhbarlichen Büchlein begegnen wir einem
guten alten Bekannten, denn es enthält nichts anderes als die alte Ars

in deutscher Uebertragung. Der Herausgeber, den Werth des Buches
erkennend, gab der Uebersehung eine handlichere Form, Kleinquart=Format,

und fügte auf der Rückseite des Titelblattes ein Titelbild bei, welches eine reiche Scene eines die heilige Wegzehrung empfangenden Kranken vorführt. Das Seite 49 abgedruckte Facsimile nach der Ausgabe von 1494 überhebt weiterer Beschreibung.

Die Vorrede beginnt: „Wie wol das nach der lere des naturlichen meisters an dem driten buch der guten sitten¹) aller erschrockenlichen dinge der tob des leibes ist das erschrockenlichst, doch ßo ist er dem tob der sele zu keynem weg zu (ver)gleichen, das bezeuget Sant Augustin sprechende" u. s. w. (nach der Ausgabe von 1493).

Der Druck ist sauber, der Text füllt ganze Seiten, während bei den Holztafeldrucken der Text sich nach dem Bilde richtet und deshalb die Seiten nicht immer ganz füllt.

Von diesem Büchlein lassen sich sechs Auflagen in den Jahren 1493—1520 feststellen. Die erste erschien zu Leipzig 1493 und ist kaum bekannt²), sie fehlt in den großen Sammlungen von Panzer und Hain; gewöhnlich hält man die Ausgabe von 1494, gleichfalls zu Leipzig erschienen bei demselben Drucker, für die erste. Der Titel der ersten Auflage hat folgenden Satz:

Ein loblich und nutzbar

lich buchelein von dem sterben wie ein itzlich
chriften menfch recht yn warem criften glau
ben fterben ßal und der anfechtung des boßen geyftes widderftehen durch manche nutzbar
liche leere der lerer der heyligen fchrifft.

Am Ende: Hie endet sich das bucheleynn genant das bucheleyn des sterbens gedruckt zu leyp= | zigk | Nach cristi geburth Jm . xciii . Jar.
Der Titel der zweiten hat folgenden Satz:

Ein loblich und nutzbar

lich buchelein von des fterben wie ein itzlich
criften menfch. recht yn warem criften glau
ben fterben ßal und der anfechtung des bo
ßen geyftes wid'ftehen Durch manche nutz-
barliche leere der lerer der heyligen fchrifft

Am Ende: Hie endet sich das bucheleyn genant das buchelnn des

---

¹) libro III ethicorum Aristotelis. Bei der Caxton-Feier in London 1877 war ausgestellt unter den Facsimile Reproductions Nr. 1642: The Ars moriendi. 4 to c. 1491, printed in 1869 with the types cut by the late V. Figgins, Esq., for his Chess-book. Caxton-Celebration p. 219.

²) Ich konnte das Ex. der Kgl. Bibl. zu Berlin benutzen.

sterbens gedruckt zu leyp=|zigk Nach crifti geburth Im xciiii . Jar.
(1494)¹).

Ausgaben, alle in Kleinquart, jede 16 Blätter mit 13 Holzschnitten.

1493 zu Leipzig bei C. Kachelofen;
1494 ebendaselbft²);
1496 ebendaselbft³);
1507 ebenda bei M. Lotter⁴);
1509 zu Nürnb. bei K. Weiſſenburger, 16 Bll. mit 12 (13) Holzſchn. ⁵).
Von der Ausgabe 1493 ein Exemplar in Berlin, von 1494 in
Dresden, von 1496 in London, von 1507 in München, von 1509 ehe=
mals bei Haßler in Ulm.

5. Ermahnungen und Troſt im Sterben, ohne Ort und Jahr.

Am 20. Sept. 1883 kam zu München eine der merkwürdigſten Bücher=
ſammlungen zur Verſteigerung, nämlich die der ehemaligen Carthauſe Bux=
heim bei Memmingen. Dieſes Kloſter war in Folge der Säculariſation
in den Beſitz der Reichsgrafen von Waldbott=Baſſenheim gekommen; die
Bibliothek ſelbſt ragte hervor durch ihren Reichthum an Wiegendrucken,
meiſt in herrlichen, faſt oder ganz unbeſchnittenen Exemplaren in den
alten Lederbänden und mit hübſch ciſelirtem Beſchlag⁶).
Unter Nr. 3134 des Verſteigerungskatalogs erſcheint: Ermahnungen
und Troſt im Sterben, welcher Titel von der Redaction auf Grund des
Inhalts gewählt worden ſein wird; die Beſchreibung gibt dann weiter an:
Blatt 1 a: In dem namen unſers herren iheſu
chriſti der in ſterbenden nöten um hail (des Heils)
willen aller menſchen ubertreffenlich
ſchmerzen willencklichen mit gebult
gerne haut geliten. Amen.
Das Büchlein zählt acht Blätter; die Vorderſeite des letzten Blattes
hat acht Zeilen, wovon die achte ſchließt:
fliß dun das er urſach ſy jn gutem.
Es fehlt jegliche Angabe über Ort, Jahr und Drucker, ebenſo
Signatur.

---

¹) Hain 1836: 1494; 1887: 1496.
²) Weigel, Verſteigerung früheſter Erzeugniſſe der Druckkunſt 1872, S. 114; Heineken,
Idée générale p. 424; Nachr. II, 218.
³) Dutuit p. 55; Ebert 1252, Nr. V.
⁴) Dutuit p. 56; Weller 378.
⁵) Panzer III, 111; Dutuit p. 57; Weller 478.
⁶) So der Verſteigerungskatalog in der Vorbemerkung.

Der Versteigerungskatalog spricht die Vermuthung aus, daß der Druck von der Presse des A. Kunne aus Duderstadt in Memmingen aus= gegangen sei. Ueber das weitere Schicksal des nach Oesterreich verkauften Sterbebüchleins kann ich nichts mittheilen.

6. Eine schöne Lehre, wol zu sterben. 1507.

Schon ein halbes Jahrhundert war verflossen, als Braunschweig in die Reihe der deutschen Städte trat, welche eine Druckerei besaßen; erst in dem Anfange des sechszehnten Jahrhunderts begegnen wir einer Officin, welcher Hans Dorn vorstand. Von ihm kennen wir ein Evan= lienbuch 1506. Im folgenden Jahre 1507 erschien bei ihm ein in der Bibliothek zu Wolfenbüttel erhaltener Sammelband in Kleinoctav, welcher 10 verschiedene Schriften umfaßt:

HYr in dussem böcklin.
Findet men Schöne
und nutsame lere gebe
de und genöchlike mate=
rie.

Auf der Vorderseite des letzten Blattes: Gedrucket unde volendet to | Brunswig dorch Hans | Dorn Am mitwecken | na marci ewange= | liste Anno tusent | vifhundert und | sevene.
Zuerst kommt die „Krone Christi", fünf St. Annaschriften u. s. w., dann zwei Sterbebüchlein, nämlich:

Eyn schöne lere wol tho stervende

welcher als zehnte Nummer sich anreiht:

Eyn testament eyns waren cristen minschen[1].

Leider konnte ich dieses Bändchens nicht habhaft werden und nur mittheilen, was Wackernagel, der zum ersten Male auf dasselbe aufmerk= sam machte, in der Bibliographie des Kirchenlieds S. 15 davon angibt.

7. Von dem sterbenden Menschen und dem gulden Seelentroste. 1486.

Es ist das Verdienst des Herrn Stadtpfarrers Münzenberger zu Frankfurt a. M., von diesem werthvollen Sterbebuche zuerst Kenntniß und größere Auszüge mitgetheilt zu haben[2]. Das von demselben benutzte

---

[1] Dieses Testament und jenes zu Lübeck 1491 gedruckte, wovon unten, sind mög= licherweise identisch.

[2] Münzenberger, Das Frankfurter und Magdeburger Beichtbüchlein und das Buch „vom sterbenden Menschen". Ein Beitrag zur Kenntniß der religiösen mittelalterlichen Volkslitte= ratur. Mainz 1881, S. 38.

Exemplar gehört der Bücherfammlung des Priesterfeminars zu Limburg
a. L., leider aber hat eine „gewaltthätige Hand hier obgewaltet und
neben zahlreichen Randbemerkungen auch durch Ausreißen und Verftüm=
melung einzelner Blätter ihre Kritik geübt".

Durch Geffcken, Bilderkatechismus S. 110, bin ich auf ein zweites
gut erhaltenes Exemplar der Leipziger Univerfitäts=Bibliothek aufmerkfam
geworden, danach lefen wir:

Blatt 1a: Pan dem fterbende mynfchen
              Unde dem gulden felen trofte.

Im Ganzen 18 Blätter zu 29 Zeilen in Quart, ohne Angabe des
Ortes u. f. w.; der Druck rührt jedoch her aus der Preffe des Simon
Koch, welcher vom Jahre 1486 an zu Magdeburg thätig war [1]). „Seine
Leiftungen können bei der Schönheit, Schärfe und Schwärze des Druckes
felbft mit tüchtigen Leiftungen unferer Tage fich meffen," fagt Götze
S. 44. Koch ftammte von Wylborch, es wird Weilburg an der Lahn
fein; war es Weilbach nahe bei Mainz (im Naffauifchen), dann wird
er bei dem Meifter Peter Schöffer zu Mainz in die Lehre gegangen fein.
Der niederdeutfche Text beginnt (Blatt 16) alfo: „Hier beginnet
eine fchöne geiftliche Lehre von dem fterbenden Menfchen, des ein Theil
genommen ift aus dem Buche, das der Meifter (d. i. Verfaffer) gemacht
hat von der Kunft wol zu fterben und ift eine Kunft aller Künfte, das
ein jeweilig Menfch von rechter Ordnung bei fich haben und mit großem
Fleiße betrachten foll. Denn das ift die höchfte und letzte Hoffnung der
armen elenden Seele, darauf all ihr Troft oder Betrübniß fteht, wie alfo der
Menfch funden wird in der Stunde des Todes, fo wird er verurtheilt zu
der Freude der Ewigkeit oder zu der Betrübniß der ewigen Verdammniß.
Die Analyfe und die Auszüge bei Münzenberger überheben mich
einer ausführlichen Behandlung, wie fie dies koftbare Sterbebüchlein
verdient. Es wiederholt fich hier wie anderwärts: die Tiefe der Auf=
faffung, die Innigkeit in den Gebeten find unvergleichlich und heute noch
nicht in unfern Andachts= und Erbauungsbüchern erreicht.
Das vierte Capitel bringt die uns längft bekannten fünf Tentationen
des böfen und die fünf Infpirationen des guten Geiftes in einer etwas
ausgedehntern Form. „Hier ift zu merken, daß die Menfchen an ihrem
letzten Ende fchwere Verfuchungen leiden und zwar befonders in fünf
Stücken. Die erfte Verfuchung (bekorung) ift die gegen den Glauben;
hier wird das athanafianifche Glaubensbekenntniß eingefchaltet; die andere
Bekorung ift Mißtroft und Verzweiflung gegen die Hoffnung; die dritte

---

[1]) Der Druck ift nicht von Joh. Grafhove; vgl. Centralbl. f. Bibliothekwefen 1890,
S. 246. 344.

ist die Ungedulb und das ist gegen die Liebe Gottes. Die vierte: geistlicher Hochmuth; die fünfte: ängstliche Sorge um zeitliche Dinge."

Das elfte Capitel enthält die Fragen, welche wir als die anselmischen in einem eigenen Abschnitt bereits behandelt haben.

Das zwölfte Capitel betont ein Werk der wahren Gottes- und
Nächstenliebe. Wie die Bosheit unserer Zeit zu Vereinigungen führte,
deren Glieder im Falle schwerer Erkrankung gegenseitig gegen den priester-
lichen Zuspruch sich schützen durch systematisches Fernhalten des Dieners
der Kirche (Solidaires in Belgien), so führte das gottinnige Leben unserer
Voreltern zu dem hier besonders hervorgehobenen Liebesdienst: „Einem
jeden Christenmenschen ist zu rathen, daß er bei seinen gesunden Tagen
sich einem besonders treuen Freund befehle, der ihm beistehe in seinem
letzten Ende und ihm fleißig zurede nach Anleitung dieses kleinen Buches
und ihm den Glauben und andere gute Gebete vorlese und ihn tröste;
denn hieran liegt alle Wolfahrt der Seele. Ende gut, Alles gut."

Es folgen drei Gebete von der Todesangst Christi am Oelberge,
vom bittern Tode und von der großen Liebe Christi. Andere Gebete
bezeichnet der Verfasser selbst als dem goldenen Seelentroste entliehen.

8. Der Spiegel der kranken und sterbenden Menschen. 1482.

Ein nicht näher bekannter Carthäuser schrieb ein aus 22 Capiteln
bestehendes Büchlein von der Liebe Gottes, welches nur zu Augsburg,
aber in fünf Ausgaben erschien. Allen diesen Drucken hängt an: der
Spiegel der kranken und sterbenden Menschen, welcher uns zunächst hier
beschäftigt. Es liegt kein Anhaltspunkt vor zur Annahme, daß der Carthäuser auch diesen Spiegel verfaßt habe, wenngleich es heißt in der
Schlußschrift[1]) der 1483er Ausgabe:

Ein büchlin von der liebe got- | tes mit sampt dem spiegel der
kran | cken und sterbenden menschen en- | det sich hie säligklichen. Ge-
druckt und vollendt in der keyserlichen | statt Augspurg. von Anthonio |
sorg. an aftermontag nechst vor | dem palmtage. do man zalt nach | christi
gepurt M CCCC L xxx iii [2]).

Auch der Titel zu dem Hauptwerke: Dise hernach geschriben materi
. . . sagt von der grosse nuczberkeyt der gerechten liebe gotes. und der
gerechten mainung in allen unsern wercken. — schließt den Spiegel in
keiner Weise ein.

Nach der den Titel vertretenden Ueberschrift: Gedenck in allen

---

[1]) Der Titel der 1494er Ausgabe hat: Die liebe gottes | Mit sampt dem spie | gel
der krancken und | sterbenden menschen.

[2]) Straus, Mon. typogr. in Rebdorf, p. 168.

deinen werck dein letzte zeit so wirstu nummer sünden (sündigen). Exodi vij — beginnt der Text des Spiegels:

Seitdemal daß (da) allen Menschen nichts gewisseres ist als der Tod und nichts ungewißeres als die Stund des Tods, und ein jeglicher Mensch gerichtet wird von Gott allein nach dem wie er gefunden wird zu seinen letzten Zeiten, so sich die Seel abscheiden will von dem Leich= nam, wann ist (denn ist es der Fall), daß der Mensch in der Zeit seiner letzten Vernunft wird wissentlich erfunden in einer Todsünd, so wird er gerichtet zu der ewigen Verdammniß; wird er aber dieselbe Zeit erfun= den ohn Todsünd, so wird er gerichtet zu dem ewigen Leben. Darum so ist einem jeglichen Menschen gut, zu haben die Betrachtung seiner letzten Zeit, alle Tage. Es ist auch einem Jeden zu rathen, daß er mit Geschrift allweg hab ein Ermahnunge seiner letzten Zeit, also daß er daheim in seinem Haus, in seiner Kammer oder Stube oder auder seiner gewöhnlichen Wohnung an die Wände schreiben laß diese Wort:

Gedenck an den Tod und hüt dich vor sünden.

Der Verfasser erörtert nun die dreifache Ursache, warum einem Menschen die Betrachtung des Todes nutz sei: 1. sie macht demüthig und vertreibt die Hoffart; 2. tödtet die Anhänglichkeit an's Zeitliche, und das gibt der Meister Heinrich von Hessen zu erkennen aus dreier= lei Begierd der Augen, des Fleisches und Hochfart; 3. die Betrachtung des Todes bewirkt Bußfertigkeit über die Sünden. Dieser Theil basirt auf einem lateinischen Originale [1]).

Der folgende Abschnitt behandelt das, was ein Sterbender wissen muß, um gut zu sterben, nämlich wie er sich halten soll bei den An= fechtungen des Teufels (die wir von der ursprünglichen Ars her ken= nen), ferner daß man ihn fragen soll nach der Anweisung des Ansel= mus, auch Augustinus und des Gerson.

Diesem folgt Unterweisung über zeitiges Beichten u. s. w. und zuletzt folgen Gebete [2]).

Das Büchlein mit dieser Stoffvertheilung scheint gefallen zu haben, denn es erschien in fünf

Ausgaben:

1482 zu Augsburg bei H. Schönsperger.
1483 „ „ „ Anton Sorg, in Quart [3]).

[1]) Das bei Barth. von Unckel zu Köln zwischen 1475 und 1485 erschienene Cor= diale quatuor novissimorum handelt im ersten Theile de morte corporali, quod meditatio mortis facit hominem 1. se humiliare, 2. omnia contemnere, 3. peni= tentiam acceptare. — [2]) Auszug in Hasak, Letzte Rose. S. 214—219. [3]) Hain 4062—4064 die Ausgaben von 1483, 1494, 1498; Zapf, Augsb. I, 68. 126; Panzer I, 139. 232; Schelhorn, Amoenitates VI, 477.

1494 zu Augsburg bei H. Froschauer, in Klein-Octav.
1498   „   „   „ H. Schönsperger.
1508   „   „ ,   „ Erh. Oeglein [1]).

Im Jahre 1497 erschien eine niederdeutsche Ausgabe bei Stephan Arndes in Lübeck unter dem Titel:

Dat boek van der
warafftighen unde rechten leve ga
des [2]).

9. Ein heilsames Testament. 1491.

Aus der Presse eines noch nicht festgestellten Druckers zu Lübeck ging im Jahre 1491 ein kleiner Tractat, acht Quartblätter Duodez groß, hervor, von welchem nur ein Exemplar bekannt geworden ist; dieses Exemplar, dermalen in Wolfenbüttel, entbehrt leider des ersten Blattes, auf welchem ohne Zweifel der Titel und ein Holzschnitt war. Doch läßt der auf dem Blatt 2 erste Seite beginnende Text den vermuthlichen Titel errathen:

Dyt is eyn heylsam testament und eyne bekantnisse eynes waren chri | sten mynschen in synen lesten. Und | dyt schaltu vaken lesen by wol macht up dat du in dynem lesten | id des to beth wetest myt der hul | pe godes.

Auch soll man es den Kranken, die nicht lesen können, vorlesen mit Fleiß und sachtmodighen Worten [3]).

Dieses heilsame Testament, dessen ich nicht habhaft werden konnte, um ausführliche Mittheilungen daraus machen zu können, begegnete mir noch ein Mal, und zwar in Dederich's berühmtem Christenspiegel. Dieser Spiegel erschien auch zu Lübeck im Jahre 1497 bei Steph. Arndes, und zwar in erweiterter Gestalt [4]). Dieser Anhang, als 47. Capitel sich einleitend, handelt von sechs Hindernissen der Fortschritte im guten Leben. Die folgenden Abschnitte sind nicht mehr numerirt und handeln 1. vom Ablaß verdienen, 2. Wie ein getaufter Christ durch den Tod Vergebung von Pein und Schuld aller seiner Sünden gewinnen mag, 3. Ein Sermon, wie Menschen künstlich und nutzlich sterben sollen, gewiesen an dem Beispiel des Schächers am Kreuze, 4. Dat viert wo dat Sakrament der hilghen Oelinge den Kranken alleine unsprekklik grot nut hulpe unde sture deit (Nutz, Hilfe und Steuer thut) an live und sele. 5. Wie man

---

[1]) Weller 442. Die Ausgaben von 1483, 1494 und 1508 lagen mir aus der Münchener Bibl. vor.

[2]) Bruns, Beiträge zur kritischen Bearbeitung unbenutzter alter Handschriften, Drucke und Urkunden. Braunschw. 1802. S. 360.

[3]) Bruns S. 176. — [4]) Bruns S. 373.

aus dem Stande der Sünde in den Stand der Gnade treten soll. 6. **Heilsames Testament** u. s. w. Da ich auch dieses Büchleins nicht habhaft wurde, so genüge es, die Worte des Bibliographen Bruns wiederzugeben: „Der Eifer, womit auf die Wiederherstellung des angerichteten Schadens gedrungen wird, ist sehr zu loben, und überhaupt werden dem Christen für sein Leben und Sterben solche Regeln gegeben, die noch jetzt großentheils vor dem Richterstuhl der gesunden Vernunft bestehen würden." Gleichwohl meint Bruns den auch wieder vorkommenden Aberglauben, z. B. Benutzung der Ablaßbriefe, tadeln zu müssen. Doch sind wir solches von akatholischen Autoren gewohnt, welche die katholische Lehre zu studiren sich nicht die Mühe geben.

10. Tractätlein von dem sterbenden Menschen. 1497.

Ein nicht bekannter Autor, vielleicht ist es der geistliche Drucker Johann Weissenburger selbst, hat unter folgendem, über dem Titelbilde [1]) stehenden vierzeiligen Titel:

Ein tractetlein von dem sterbenden menschen, von der anfechtung im sterben. Von etliche frag stuck tröstung unnd ermanung vor dem ennd des sterbenden menschen geprebigt durch ein geystlichen vater.

einen uns theilweise bekannten Stoff mit neuen Gedanken vermehrt und somit ein neues Sterbebüchlein geliefert.

Es theilt sich in elf Theile, wovon „das erste Tayl" redet von dem viererlei Tode, dem natürlichen, sündlichen, geistlichen (Absterben der Sünde) und höllischen Tode, unter Herbeiziehung von Stellen sowohl der h. Schrift als der Weltweisen und kirchlichen Schriftsteller (Väter u. A.), selbst des Dante:

„Von dem natürlichen tobt ist geschryben in dem anderen Buch der Künig am 14. capittel: Wyr sterben alle und schleiffen hyn als das wasser in das ertreich.

„Aristoteles der naturlich meister spricht. Das aller grausamlicheft ding aller ding ist der tob.

„Dantes poeta spricht zu den sunbigen menschen. Wol auff darvon on allen lon. Ruft (rüste) dich on lust, zu dem verluft. Und fürbas hin, on allen gewin. On letzen du lerne ewigklich zu sterben."

---

[1]) Daffelbe Titelbild wie bei der Schrift: Verfehung (von) eines menschen leib sel ere und gut. Auf der Titelrückfeite eine Predigtfcene mit Unterfchrift: In omnibus operibus tuis: Memorare noviffima tua u. f. w. Diefes letztere Bild wird urfprünglich zu einem andern Buche, Predigt- oder Erbauungsbuch, gehört haben.

58

Das anber tayl. Syben bing sind zu betrachten einem yetlichen sterbenden menschen, die einem yetlichen im sterben zu stonb; 1. daß du ganz allein, ohne Freund, von hinnen fahrst; 2. daß jeder Mensch nadt und blos von hinnen scheidet, im Erdreich wird er von Würmern verzehrt. 3. Jedem folgen nach seine Sünden. 4. Die bösen Geister nahen und harren auf ihre Gerechtigkeit (Ansprüche). 5. Die Seele fährt in eine ihr unbekannte Stätte. 6. Mit dem Tode höret alles Verdienen auf. 7. Der Tod raubt alle irdische Freude. Das Gesagte ist belegt durch Stellen aus Bibel und Vätern sowie durch Exempel.

„Das brite tayl" handelt von der Versuchung; hier kommen die bekannten fünf Anfechtungen [1]).

Der vierte Theil [2]) bringt etliche gar nützliche Fragestücke, dardurch erkannt wird, ob der Sterbende auf dem rechten Wege sich befinde. Die Fragen, deren 15 gestellt werden, sind im Wesentlichen die anselmischen.

Der fünfte Theil kommt auf die Nachfolge Christi zu sprechen und der sechste Theil, wie man durch die h. Messen den Seelen zu Hülfe kommen kann. Hier bringt der Verfasser exempelweise die Klage eines weltlich sterbenden Menschen unter; sie schließt: Weh und weh allen Menschen, die do nicht bedenken, von wannen sie kommen sind und was sie sind und wozu sie sind worden, sollen und müssen, das ist meine Klag und ein Jammer über alle Jammer, daß wir nit sterben wollen und doch sterben müssen.

Der achte Theil gibt die Litanei für die Kranken, der neunte Gebete, der zehnte kurze Lehre, einen Sterbenden zu trösten (12 Tröstungen) und zu ermahnen, der elfte das Te Deum laudamus deutsch, welchem das Exempel von dem Papste und seinem frommen Kaplan mit den drei Pater noster folgt.

Gedruckt zu Nürnberg durch Her
Hansen Weyssenburger am pfincz
tag nach Gregorij des Babst
Im newnten Jare.

Auf der Vorderseite des letzten Blattes: St. Michael als Seelenwäger.

Von diesem Weissenburger'schen Tractätlein kennt die Bibliographie zwei Ausgaben:

1497 zu Memmingen, 28 Blätter in Quart [3]).
1509 zu Nürnberg, 30 Blätter 4 mit 5 Holzschn.

---

[1]) Vor diesem Theile das Bild der Tentatio de avaricia.
[2]) Mit dem Bilde der Tentatio de desperatione.
[3]) Panzer III, 84.

Ich konnte die Ausgabe von 1509 benutzen, welche, so weit bis jetzt feststeht, nur noch in einem einzigen Exemplar vorliegt, nämlich dem der fürstlich Ottingen-Wallerstein'schen Fideikommiß-Bibliothek zu Maihingen [1]).

Titelbild der 1489 gedruckten Ausgabe der Versehung.

11. Versehung von Leib, Seele, Ehre und Gut. 1489.

Wir kommen nun zur Besprechung eines Buches, dessen schöner, mit Schreiberzügen von kräftiger Führung ausgestatteter Titel [2]) den praktischen Inhalt verräth:

[1]) Weller 513. — [2]) In gleicher Weise ist der Text mit prächtigen Initialen von 55 × 50 Millimeter Ausdehnung übersäet. Das Ganze zählt 171 foliirte Blätter, 9 Blätter Register.

**Verſehung leib ſel
er unnd gutt.**

d. h. Verſehung (Fürſorge für) von Leib, Seele, Ehre und Gut auf
dem Sterbebette.

Die Rückſeite des Titelblattes ſtellt im Bilde den ganzen Buchinhalt dar;
nur zur kürzeſten Erklärung unſeres Facſimile's ſei bemerkt, daß neben dem
den verhüllten Speiſekelch tragenden, alſo für die Seele ſorgenden Prieſter,
der Arzt mit dem Harnglaſe als der Vertreter für die Verſehung des
Leibes zu erkennen iſt; ihm zur Seite erſcheint der Notar, die Urkunde (mit
herabhangendem Siegel) der letztwilligen Verfügung in Händen haltend,
zur Andeutung der Sorge für Ehre und Gut.

Der fliegende Zettel über den Häuptern der Genannten wiederholt
nochmals den Titel:

verſehung eines menſchen leib ſel ere vnd gut.

Am Fußende wird wohl die Gattin aus ihrem Betbuche Troſt
erflehen für ſich und die Seele des Siechen, während oben die Tochter,
ſo ſcheint's, eine Erfriſchung beiträgt.

Blatt 2 erklärt in einem Quaſi-Titel von kräftiger Typenart nochmals: In diſem puch iſt geſchrieben ein nottürftige nutzliche troſtliche
und dermaß vor (her) unerhorte unterweiſung zu verſehung eines menſchen
leib ſell er und gutt.

Die anſelmiſchen Fragen beginnen: Begehrſt du zu ſterben in einem
rechten, wahren chriſtlichen Glauben — bekenneſt du, oft wider Gott
geſündigt, die zehn Gebot nicht gehalten zu haben u. ſ. w.

Zum neunten: ſetz all deine Hoffnung allein auf die Marter und
Tod Jeſu Chriſti und befiehl dich gänzlich darein.

Nach den Fragen kommen kräftige, innige Gebete, welche der
Kranke beten oder Andere ihm vorbeten ſollen; ſie füllen ſieben Blätter.

Es wär' auch gut, räth das Buch zum Schluß, doch dem
Kranken ein Crucifix und das Bild Mariä und der Heiligen vorzuhalten,
von der Paſſion vorzuleſen und mit Weihwaſſer zu beſprengen; damit
verjagt man den Feind.

Das letzte Blatt 171 belehrt wie folgt. Nachdem ſolch Buch von
neuem gemacht und ungenannt iſt, ſo erheiſcht die Nothdurft, demſelben
einen Namen zu geben, . . . ſo iſt ſolch Buch . . . Verſehung Leibs,
Seele, Ehr und Gut genannt . . .[1]).

Hierauf folgt eine Ermahnung zur Beichte, mit welcher zugleich
eine Gewiſſensforſchung ſich verbindet. Darnach ſollſt du des heil. Sa-

---

[1]) Der Drucker, nicht genannt, iſt jedoch Georg Stuchs von Sulzbach zu Nürnberg,
wie Panzer, Nürnb., S. 114 feſtgeſtellt hat.

craments des Fronleichnams unseres Herrn, auch der heil. Oelung begehren und nach der Entpfahung Gott mit Fleiß und Andacht danksagen. Und schick zu geistlichen frommen Leuten und bitt sie, die Messe zu lesen, gemein Gebet zu thun.

Blatt 153: Von Anfechtung von dem bösen Geist des Menschen in tödtlicher Krankheit.

Merk, so der bös Feind den Menschen schwerlich anficht, so ist noth zu wissen, wie ein Mensch dagegen halten soll. Nun folgt die Dar= legung der fünffachen Anfechtung zu Unglaube, Verzweiflung, Ungeduld, Hochfahrt und zeitlicher Sorge. Es werden sehr ausführliche Erwägungen diesen Einflüsterungen entgegengestellt, z. B. gegen den Unglauben: zum ersten so sol sich kein Mensch mit seinen Gedanken in kein Disputation geben — die Gedanken ausschlagen — viel gescheitere Leute als du glauben u. s. w.

Es liegen also die Grundgedanken der alten ersten Ars moriendi vor, ohne die dramatische Handlung, wie sie daselbst in Gesprächen der Teufel und Engel mit den Kranken auftritt.

Blatt 162: Etlich Frag so man den Kranken furhalten soll [1]).

Das merkwürdige Buch gibt nun eine kurze Analyse über die Besorgung des Kranken in leiblicher Hinsicht, wie man ihn zu Anfang der Krankheit anreden, wie ihn pflegen, auch daß man den Arzt zu Rathe ziehen soll; man hört, wie gewisse Dinge zu beurtheilen seien, von den Adern und wie es mit Aderlaß zu halten sei, z. B. zu laßen für die pestillenzen, Gestaltnuß des plutz (Bluts), auch auf Heilkräuter kommt die Sprache, z. B. von klein oder spitzig wegerich, von rabar= barum, von gebrannten Wassern, als Rosenwasser, Lilienwasser.

Mit Blatt 148 beginnt:

was ein mensch in seiner kran
ckheyt zu seiner selen seligkeyt ge
dencken fürnemen und handelen soll.

„Item so eins franck oder legerhaft wurd und zu besorgen were, das sich die kranckheyt mereun (mehren) wurd, so soll der kranck vierley bedencken oder man sol ime das sagen oder vorlesen." — Folgen diese vier Erwägungen in Kürze.

Die Ausgaben der Versehung von Leib und Seele, alle in Quart.

1489 zu Nürnberg bei Georg Stuchs, 171 Bll. u. 9 Bll. Register [2]).
.1490 „ Augsburg „ Hans Schobsser, 166 Blätter [3]).

---

[1]) Hasak S. 540 gibt diese Fragenpartie wörtlich wieder.
[2]) Panzer I, 179; III, 65; Hain 16019; Kloß 4069; Kleinm 762.
[3]) Panzer I, 186; III, 67; Mezger S. 70; Zapf, Augsb. I, 94; Hain 16020.

1493 zu Augsburg bei Hans Schönsperger, 152 Bll. u. 7 Bll. [1]).
1509 „ Nürnberg „ Wolfgang Huber, 67 Bll. u. 4 Bll. Register [2]).
1518 „ Straßburg „ J. Knoblauch, 120 Bll. u. 6. Bll. Register [3]).
Eine Ausgabe ohne Ort und Jahr [4]).
Die Ausgabe von 1518 faßt den Titel: Versehung beyder, Seel und Leibs des Menschen durch geistlich und leibliche Artzney. Schön, nutzlich und gar fruchtbar mit kurzem Bericht zu lesen.
Muther, Bücherillustration, will noch 2 Ausgaben kennen: Augsburg 1491 und 1494.
Noch im Jahr 1541 kam bei Christian Egenolff in Frankfurt a. M. heraus: Versehung Leibs und Seel. „Vor jarn etlich mal gedruckt und in Werth gehalten", jedoch umgearbeitet im Sinne der Lehre M. Luthers.

12. Die Krankenbüchlein der Herzogin Sidonia von Sachsen.

Diese edele Fürstin begegnete uns bereits in den Meßauslegungen S. 17—19; sie gehört zu jenen seelencifrigen Menschen des fünfzehnten Jahrhunderts, welche auf ihre Kosten Bücher drucken ließen aus religiösen Gründen, zum Seelenheil ihrer Mitchristen.

Die auf ihre Kosten zu Leipzig 1509 gedruckte und 1521 zu München nachgedruckte Schrift: Eine sunderliche andechtige Beschaulichkeit von dem ampte der heilgen messe — kann eben so gut hier unter den Sterbebüchlein figuriren, da, wie ein Hinweis auf der S. 18 beigebrachten Stelle zeigt, diese Beschaulichkeit jenem Menschen, der sein letzte Zeit und Stund seliglich betrachten will, zugute kommen soll. Interessant ist dabei die Aufforderung, das Testament zu bestellen in Gegenwart von zwölf Notarien, nämlich der heiligen Apostel.

Ihr anderes Büchlein ließ sie 1508 auch bei Lotter drucken: „Ein sonderlich nutzlich und trostlich büchlein für jene, welche in Widerwärtigkeit oder welche krank sind oder an ihrem letzten Ende liegen mit viel schonen und lieblichen Gebeten, auf Begehr und Kosten der durchleuchten hochgeborenen Fürstin Idena. Ich kann nur den Titel [5]) angeben, da mir das Büchlein nicht zur Hand war.

[1]) Panzer I, 204; Zapf a. a. O. I, 107; Kloß 4070; Zapf, Annal. p. 38; Fränkische Acta eruditorum, XI. Samml. S. 702; Hain 16021 identisch mit 16091.
[2]) Panzer III, 111; Klemm 774, — [3]) Panzer I, 418; Weller 1156.
[4]) Hain 16018.
[5]) Panzer I, 288 bezeichnet dieses Büchlein als einen Auszug aus dem Gratiae spirituales Mechtildis.

D. Erbauungsbücher mit Belehrung über glückseliges Sterben.

Wer über die religiöse Volkslitteratur der Wiegenbruckzeit Studien zu machen beginnt, geräth alsbald in gerechtes Staunen über die Unzahl und Mannchfaltigkeit der Lehr= und Erbauungsbücher für den Gebrauch des Volkes. Besonders scheint die niederdeutsche Litteratur, welche überhaupt für unsere Zwecke nicht hinreichend durchforscht sein dürfte, vielfache Schätze zu bergen.

Es lag nicht in meiner Absicht, hier die ganze Erbauungsbücher=Litteratur in der Richtung zu durchforschen, um darin die Belehrung und Anleitung zur Erlangung glückseligen Sterbens festzustellen; einige Bücher verdienen jedoch Beachtung, theils wegen ihres Ansehens, theils wegen ihrer Seltenheit und so fort.

1. Bruder Dederich's von Münster Christenspiegel. 1480.

Eines der grünblichsten, tiefinnigsten und verbreitetsten Gebet= und Erbauungsbücher ist der von dem Observantenbruder Dederich von Münster verfaßte und zum ersten Male 1480 erschienene Christenspiegel [1]. Daß dieses Lehrbuch auch das wichtige Anliegen eines glückseligen Todes in seinen Bereich zieht, versteht sich von selbst, deshalb

Capitel 44: Wie man sterben soll und das ist die allerfruchtbarlichste Lehre der Welt.

Es sind zunächst Gebete, in welchen die Seele ihre letzte Liebe und Reue ausspricht. Da Moufang, „Die deutschen Katechismen des 16. Jahrhunderts" den ganzen Spiegel in seine Sammlung aufgenommen, so genüge der Hinweis hierauf. S. xlvi: Wie man sterben soll, und das ist die allerfruchtbarlichste Lehre der Welt.

Einige Tropfen aus dem tiefen Borne der Gottseligkeit Dederich's seien hier gespendet:

„O lieber Herr, laß doch dies kleine Leiden und dein groß mannich= faltig Leiden für alle meine Sünden stehen."

„Ich wollte, daß ich blutige Thränen weinen könnte für meine Sünden."

[1] Nordhoff in Pick's Monatsschr. für rheinisch=westfälische Gesch. 1874 gibt eine Bio= Bibliographie; vgl. Kirchenlexicon III, 1744. Im J. 1497 erschien eine Ausgabe zu Lübeck (Bruns S. 365) und nochmals 1501 (Geffcken S. 150).

„O lieber Herr Jesu, so möge denn dein heiliger, bitterer Tod, dein köstlich Blut . . . zwischen dich und meinen Sünden stehen." Den erweiterten Christenspiegel von Lübeck 1497 mit dem Anhang haben wir oben bei Testament S. 56 kennen gelernt.

2. Albrecht von Eyb, Sittenspiegel. 1511.

Albrecht, Sprosse eines reichsritterschaftlichen fränkischen Geschlechts, war geboren am 24. März 1420 auf Schloß Sommersdorf, studirte zu Pavia, wurde beider Rechte Doctor, Domherr zu Bamberg, Eichstätt und Würzburg (hier auch Archidiakon) [1]. An den öffentlichen Angelegenheiten der drei Stifte, welchen er angehörte, nahm er lebhaften Antheil. Deren Rechtsstreitigkeiten, namentlich mit dem Ansbacher Hofe, gingen vielfach durch seine Hand. Papst Pius II. zog ihn an seinen Hof. Als Staatsmann und Redner ausgezeichnet, mehrte er seinen Ruhm durch schriftstellerische Thätigkeit. Er gehörte zu den ersten deutschen Humanisten, übersetzte Plautinische Lustspiele, schrieb die Margarita poëtica 1472, verfaßte die sehr beliebte und deshalb häufig gedruckte Ehestands- schrift: Ob einem Manne sei zu nehmen ein ehelich Weib oder nicht, 1472. Sein Tod erfolgte am 24. Juli 1475; im Domkreuzgange zu Eichstätt ruhen seine Gebeine.

Dieser merkwürdige Mann fand noch Zeit, eine Moral in Denk- sprüchen und Exempeln zu schreiben unter dem Titel: Spiegel der Sitten; doch erschien die Schrift erst nach seinem Tode. Man schreibt ihm auch zu eine Epistola praeparatoria (s. tractatus de praeparatione) ad mortem und: Eyn Gespräch zwischen dem Tod und einem Bauern, 1477.

Sein Spiegel der Sitten, im Latein genannt Speculum morum, von guten und bösen Sitten, von Sünden und Tugenden, zählt 190 Folio- blätter; mit dem 70. Folioblatte beginnt die Belehrung:

Von aim guten saligen tod. Aud wie sich der mensch darzu bereiten sol.

Ain guter tod des menschen verwandelt dises tödtlich leben in ain ewiges säliges leben, und wer wol in Gott stirbt, der ist warlich nit gestorben, sunder ist aufgestiegen zu eim würdigern höheren leben.

Um eine kurze Analyse zu geben: Die Willigkeit des Sterbens ist eine selige Bereitung zu dem Tode; die andere Bereitung zu dem

---

[1] Stamminger im Kirchenlexicon, 2. Aufl., IV, 1151; Suttner, Biblioth. Eichst. dioec. p. 5; Chevalier, Répertoire p. 705. 2576. (Ein anderer berühmter v. Eyb war Ludwig. Vgl. Lorenz, Geschichtsquellen I, 132. So eben erscheint ein Neudruck dieser Ehe- standsschrift (Heft 4 der Schriften zur german. Philologie) Berlin bei Weidmann. Der überdies eine Monographie über Albrecht vorbereitende Herausgeber M. Herrmann be- zeichnet die Ehestandsschrift „sprachlich als die glänzendste Behandlung der deutschen Prosa vor der Reformationszeit."

Tode besteht darin, daß der Mensch geduldig trage seine Krankheit; die dritte, daß er wohl und recht halte in Empfahung der hl. Sakramente, daß er Reu und Leid hab um seine Sünden, dieselben beichte, Genugthuung darumb habe, das heil. Sakrament (Leib des Herren) und die heil. Delung empfahe. Die vierte Bereitung besteht in der Tugend des festen Glaubens, der stäten Hoffnung in Gott und in vollkommener Liebe. Die fünfte Bereitung ist, daß der Mensch ein ordentliches Geschäft seiner Seel und Guts halber habe und sich von allen weltlichen Sachen zurückziehen soll.

So der Mensch sterben soll, hat er viel schwerer und größer Versuchung des Teufels denn in gesunden Tagen, womit der Verfasser zu den fünf Tentationen und zu den Anselmischen Fragen überleitet. Darnach ist Rede vom guten Freunde, welcher die bekannten Liebesdienste mit Gebeten, Crucifir, Weihwasser besorgt. Zum Schlusse kommt das Exempel vom Kaplan und Papste, sowie von den dreien Paternoster [1]).

Diese Ausgabe [2]) gibt ein Schreiben des Bischofs Gabriel von Eichstätt an den Domherrn Joh. Huff wieder, worin diesem der Auftrag wird, das Buch, welches Albrecht von Eybe mit großer Mühe zusammengetragen, aber durch übereilen des Tods nit vollendet, welches nu bis in das 36. Jahr_nach seinem Tod also geruhet hat, zu übersehen und zum Drucke zu befördern.

3. Lanzkranna, Himmelstraße. 1484.

Gessken, Seite 106 der Beilagen, gibt „von diesem für die Sittengeschichte und den Bildungszustand des 15. Jahrhunderts höchst wichtigen Buche" eine ausreichende Analyse, aus welcher erhellt, daß vier Capitel auch das Sterben behandeln, nämlich:

Cap. 49. Vom heilsamen Sterben.
Cap. 50. Wie der Teufel den Menschen vor seinem Tode versucht.
Cap. 51. Wie man den Kranken ermahnen,
Cap. 52. Wie ihn fragen soll. Es folgen dann noch Gebete für den Kranken.

Von dem Verfasser, welcher sich am Schlusse von Blatt 213a der ersten Ausgabe einfach „Bruder Steffan, der die materi des buechlins aus viel buechern zesamen gepracht hat", nennt, wissen wir nicht viel, er wird auch als Propst von St. Dorotheen in Wien bezeichnet, gestorben 1477.

---

[1]) Den ganzen Abschnitt reproducirt Hasal's Ephenkranz S. 159—172.

[2]) Darnach dürfte eine Ausgabe von 1500 von Hochfeder in Metz, von Panzer III, 92 (Hain 14944) erwähnt, nicht gut möglich sein. Weder Teissier, Essai, noch Trésor du bibliophile Lorrain 1889 kennen eine solche Ausgabe.

Ausgaben der Himmelstraße, alle in Folio.

1484 Augsburg bei Anton Sorg, 219 Blätter.

1501 Augsburg bei Luc. Zeiffenmair, 173 Blätter.

1510 Augsburg bei J. Ottmar, 171 Blätter [1]).

Die letztere Ausgabe hat auf dem Titel noch den Zusatz: „in latin genant scala celi", was jedoch nicht verleiten darf zur Annahme, als ob hier eine Uebersetzung der 1486 zu Ulm bei Joh. Zainer gedruckten Scala celi vorliege; die lateinische Scala ist vielmehr ein alphabetisch geordnetes ascetisches Werk, dessen Verfasser sich Johannes Junior nennt.

4. Johann von Palz, Himmlische Fundgrube. 1490.

Daß wir die häufig lateinisch und deutsch gedruckte himmlische Fund=grube des Augustiners Johann von Palz hier zur Sprache bringen, erhellt aus Anlaß der Abfassung und Uebersicht des Inhalts.

Die Rückseite des Titelblattes beginnt allsogleich: „Diß Büchelein wird genannt die himmlische Fundgrube darum, daß man himmlisch Erz darin mag finden oder graben, d. i. die Gnad Gottes. Es mag auch geheißen werden ein Spiegel der Liebhaber dieser Welt, denn zugleicher=weise als (wie) der Mensch seine leibliche Gestalt in einem natürlichen Spiegel ersehen kann, also mag ein jeder Sünder und Nachfolger dieser Welt seine Ungestalt und Irrthum in dem Spiegel seiner Vernunft aus dieser nachfolgenden Lehre lauter und klarlich erkennen und wird getheilt in vier Theile oder Predigten: 1. von dem Leiden Christi, darein man mag kommen oder eingehen durch sechs Eingang oder Stollen. 2. von den bösen unnützen Gedanken der Missebittunge, die oft Einem einfallen wider das heilig Sakrament, Mutter Gottes u. s. w. 3. Von der Be=trachtung des Todes, dardurch ein jeglicher Christen mensch mag erwerben Vergebung von Pein und Schuld, ob er auch sonst kein gut (Werk) hätte gethan. 4. Von dem großen Nutzen des Sacraments der heiligen Oelung wider mancherlei Irrthum und Mißglauben viel unver=ständiger Menschen."

Daran schließt sich die Widmung an Friedrich Herzog zu Sachsen, des heiligen römischen Reiches Erzmarschall und Kurfürst, Landgraf zu Thüringen und Marggraf zu Meißen, vom Jahre 1490 [2]):

„Gnedigster Herre! Nochdem als euer fürstlich genad gut dem al=mechtigen zu ere . . . von mir begert hat, das ich wolle zu Teutzsch

---

[1]) Zapf, Augsb. I, 72; II, 4. 43; Panzer I, 146. 252.

[2]) Joh. Palz hatte mit großem Beifall zu Torgau vor Kurfürst Friedrich und seinem Bruder Johann geprediget, die ihn aufforderten, einige Predigten in Druck zu geben.

machen etliche prebigte vor euern genaben gethan: von dem leyben crifti, von den boßen gebancken, von dem tobe, wie man ßal sterben unb von der heyligen olung in tobeß noten, So hab ich meinen fleiß gethann. Bit euer furstlich genab welle nicht vorachten baß schlecht teußsch. So offt unber einer groben rinben ein guter tern vorborgen unb in einem groben ungestalten beutel gut golt ist."

Acht Blätter von ben 26 Blättern beß Ganzen gehen auf: „Die sermon von ber wol gebrauchung beß tobeß, damit (womit) ein mensch mag erwerben vorgebung (Vergebung von) pein unb schulb, ob er fust nie kein gut Werk gethan hatte, sunber vil ubelß."

Ein nach bem dritten Sermon kommender Abschnitt trägt die Ueber= schrift:

Don ber kunst ßu sterben

Wilhelmuß parifiensis spricht baß ber tob sein (sei) ein grosser schaß ber bo genugsam ist alle schulb ßu beßalen u. s. w.

Von ber vierten Prebigt über die h. Oelung mit ihrem achtfachen Nußen hat Haßak S. 334—337 einen Abbruck gegeben; eß genüge ber Kürze halber ein Hinweis darauf, so sehr ber Abschnitt hier eine Wieber= holung verbiente. Die hier entwickelten Lehren könnten heute noch Ver= werthung finden.

Die himmlische Jundgrube gewinnt an Interesse durch die Persön= lichkeit ihres Verfassers. Johann Zenser, so lautet sein ursprünglicher Name, stammte nach ben Einen auß Schwaben, nach Andern auß bem Orte Palß (ober Palenz) im Trierschen, weßhalb Johannes Pala= tinuß, Johann von Pfalz (Palz, Paliß, Balcz) genannt [1]). Er gehörte zu ben Chorherren beß Augustiner=Orbens unb studirte zu Erfurt unb Leipzig, wurde 1483 Doctor ber Theologie unb zeichnete sich als Kanzel= rebner auß, namentlich machte er sich burch seine in verschiedenen Städten gehaltenen Ablaßprebigten bekannt, in welchen er zum Kampfe gegen die Türken aufforderte. Auf einer Reise burch Sachsen kam er auch nach Schneeberg, sah die bortigen Bergwerke unb nahm barauß Veranlassung, seine „himmlische Jundgrube" abzufassen, welche später (1502) erweitert als Coelifodina erschien. Er starb zu Mühlheim am 13. März 1511 [2]).

Man hat unsern Johann von Palß, wie er sich selbst schreibt, öfters verwechselt mit seinem Namensvetter, welcher Propst bei den regu=

---

[1]) Sein Lebensgang ausführlich in Kolbe, Die beutsche Augustiner=Congregation, unb J. Staupiß, S. 174.

[2]) Wie ber Abt zu Altenzelle, Martin von Lochau, zu Leipzig ein Stubienhaus für ben Cistercienser=Orben, Bernhardinum, gestiftet, so begann Johann Palz ein gleiches Se= minarium für die Augustiner=Chorherren. Köhler, Fragm. zur Gesch. v. Leipz. 1787. S. 72. — Handschriften von ihm in München, Hof= unb Staatsbibl. 8541, 20167.

lirten Chorherren im Neuen Werk bei Halle, Doctor Decretorum und hallischer Archidiaconus war. Letzterer starb viel später und spielte noch in der Reformationsgeschichte eine Rolle [1].

Ausgaben.

c. 1490 zu Leipzig bei Martin Landsberg [2]
c. 1490 „ Magdeburg bei Simon Mentzer [3].
1497 „ Leipzig bei Mart. Lotter [4].
1498 „ Augsburg bei Hans Froschauer [5].
1501 „   „   „   „   „
1503 „ Straßburg bei Math. Hupfuff [6].
1506 „ Augsburg bei Hans Froschauer.
1507 „   „   „   „   „
1507 „ Straßburg bei Matth. Hupfuff.
1512 „ Augsburg bei Hans Froschauer.
1517 „ Straßburg bei Cunr. Kerner.
1521 „ Erfurt bei Mathes Maler.

5. Der Laienspiegel. 1496.

Der Spengel der leyen, gedruckt zu Lübeck 1496, enthält eine Belehrung für Laien in Gesprächen zwischen Lehrer und Schüler über die
h. Dreifaltigkeit, die h. Messe und von anderem geistlichen Amte (Tagzeiten,
Advent, Fasten, Karwoche, Ostern, Frohnleichnamsfest), vom Weihwasser,
von den geistlichen Orden, Pater noster, Ave, Credo, Dekalog, den sieben
Todsünden, von guten Werken, von den Engeln. Im Ganzen sind es
43 Abschnitte, davon der 40.: wie ein jeglicher Christ willig sterben soll,
wenn Gott es verlangt; ein Auszug aus dem Buche: die Kunst, wohl
zu sterben, eine Kunst aller Künste; 41: Wie schätzbar ein guter Tod,
wie schlimm ein böser Tod sei: 42: Fragen, die den Kranken vorzulegen
sind; 43: Von dem Opfer Christi für uns und dem Abschied aus dieser
Welt [7].

---

[1] Vgl. Kolde S. 174 Anm. 2; Ossinger, Bibliotheca Augustiniana 1768 p. 652
ungenügend.
[2] Weller, Altes aus allen Theilen der Gesch. 1762. I, 291; Panzer I, 184.
[3] Bruns, Beitr. S. 174; Götze S. 66.
[4] Hain 9421; Hain 9418—9422 hat fünf Ausgaben.
[5] Zapf, Augsb. I, 129; II, 7: 1501; II, 31: 1507; II, 61: 1512.
[6] Weller 255: 1503; 353: 1506; 379: 1507 (Straßb.); 1041: 1517. Die
Mainzer Stadtbibl. besitzt eine Ausg. o. C. u. J., 26 Bl. ohne Holzschn.; vgl. Zapf,
Augsb. II 245.
[7] Bruns, Beiträge. S. 208—214; Geffcken S. 148 der Beilagen. Exemplare in
Göttingen und Wolfenbüttel.

6. Seelengärtlein. 1502.

Das berühmte Gebetbüchlein „Seelengärtlein", hortulus animae zu dessen Würdigung uns die Meßauslegungen S. 21 Gelegenheit gaben, widmet den Kranken und Sterbenden einen eigenen Abschnitt, eingeleitet mit den bedeutsamen Worten:

„Wie man soll lernen sterben, eyn gute lere begryffen in sechß stücklein, und soll sie der mensch alle tag für sich nemen und also lang lernen, biß das er es wol gelernet hat."

1. Zuerst soll man sich kehren zu Gott mit wahrer Reue; 2. sich aller zeitlichen Dinge entschlagen; 3. sich kehren zu den fünf heiligen Wunden Christi, in das liebentflammte Herz Jesu; 4. sich opfern als

Sterbescene aus dem Seelengärtlein.

ein lebendig Opfer unserm lieben Herrn und sich willig geben in den Tod und aus Begierde des ewigen Lebens begehren zu sterben und bei Christus zu sein; 5. man soll begehren, daß all Leid und Weh geheiligt werde in dem Leiden Christi, vorher, nicht erst im Tode; 6. man soll sich senken in den christlichen Glauben und in ein gänzliches gutes Vertrauen, daß er ihn nicht verlassen werde [1]. Hierauf „etlich frag so man eim sterbenden und hynziehenden menschen thun soll", Fragen, die uns an Anselm erinnern, worauf bekannte Mahnungen und Gebete kommen, z. B. „Nun diweil dein edele sele noch bey dir ist und atem hast, so soltu alle deyn hoffnung und getreuen auf niergent anders setzen dan auf das verdienen und den tod ihesu cristi." — So die sele von dem

---

[1] Weislinger, Armamentarium p. 776; Alzog, Postillen S. 72; Huttler's Ars mor. S. 63—71.

leyb scheydet, sprich: Nun far hin du edele sel in dem nammen gottes des vatters, der dich also in grosser wirdigkeit beschaffen hat. In dem nammen gots des junes, der dich so theuer erlöset hat, und im namen gots des heil. Geistes, der durch seine gnad in dir wohnen mag[1]).

7. Brunn der durstigen Seele. 1512.

Wenig bekannt dürfte dieses Gebetbuch sein. Den Anfang machen Gebete zu Gott, denen solche zu Maria und den Heiligen folgen. Darauf kommen Gebete zum leidenden Heiland, Communiongebete, endlich Gebete für Kranke und Sterbende; den Schluß machen Brigittengebete. Ich kann, da mir das Büchlein selbst nicht vorlag, nur dieses mittheilen und die doppelte Auflage in Octav anführen:

1512 Augsburg bei Erh. Oeglin[2])
1519 „ „ Jörgen Nadler[3]).

---

[1]) Huttler, S. 144 ff. — [2]) Panzer I, 339. — [3]) Daf. S. 423.

E. Die Paſtoral-Anweiſungen.

Der Geiſt der Kirche bezüglich der prieſterlichen Sorgfalt für das Wohl der Kranken leuchtet hervor aus ihren im Ritual (Agende) nieder=gelegten Beſtimmungen: Parochus in primis meminisse debet, non postremas esse muneris sui partes, aegrotantium curam habere. Des Pfarrers Sorge um die Kranken ſoll alſo nicht an letzter Stelle ſtehen. Den Beſtimmungen der kirchlichen Behörde gehen zur Seite die von Privaten ausgehenden Anweiſungen, wie am beſten die Sorge für die Kranken im Sinne der Kirche geübt werde. Alle hierher gehörigen An=weiſungen übertrifft Surgant. Es iſt eine Freude für den Seelſorgs=prieſter, ſich im Geiſte in die Zeit Surgant's zurückzuverſetzen und ſeine Rathſchläge und Praxis bezüglich Predigt, Sacramentenſpendung u. ſ. w. zu hören. Sein oft aufgelegtes Buch heißt Manuale curatorum.

Surgant, Manuale curatorum. 1503.

Johann Ulrich S u r g a n t, geboren zu Altkirch im Sundgau, machte ſeine erſten Studien zu Baſel, begab ſich 1472 nach Paris, wo er philo=ſophiſchen und theologiſchen Studien oblag; ſpäter nach Baſel zurück=gekehrt, widmete er ſich dem Studium des Kirchenrechts und der Homi=letik. Im Jahre 1479 erhielt er den Doctortitel, eine Profeſſur, ein Canonicat an St. Peter und die Pfarrſtelle St. Theodor in Klein=Baſel; vier Mal bekleidete er das Rectorat und drei Mal das Decanat der Rechtsfacultät; Surgant ſtarb 1503 [1]).

Sein Hauptwerk iſt das Manuale curatorum, Handbuch für die Seelſorger, deſſen erſter Theil dem Hauptcharakter nach homiletiſch vor=geht, indem er über Zweck und Gegenſtand der Predigt handelt, über die verſchiedene Art der Schrifterklärung, Wahl des Thema's, Einthei=lung, Art der Entwickelung, Vortragsweiſe. Die gegebenen Regeln zeugen von tiefem Verſtändniß und praktiſchem, der Zeit Rechnung tra=gendem Sinne. Eben ſo wichtig dürfte der zweite Theil ſein, nämlich die Ueberſetzung alles deſſen, was in der Feier des Gottesdienſtes dem Volke deutſch vorzutragen ſei; er gibt in ſehr correctem Deutſch die

---

[1]) Eine gute, kurze Bio=Bibliographie in Ch. Schmidt, histoire littéraire de l'Alsace II, 54. 398. Im Katholik 1889, II, 166 eine recht anſprechende Analyſe und Beſprechung dieſes Surgant'ſchen Handbuchs; II, 514: Verſehung der Kranken u. ſ. w.

Gebete bei der Messe, die Verkündigungen der Feste und Processionen, zehn Gebote, Vater unser, Sündenbekenntniß, Formeln für Sacramenten= spendung.

Der 12. Abschnitt, Consideratio genannt, enthält die Regeln und Rathschläge für Ertheilung des Sacraments, welches den Kranken gilt, nämlich der heil. Oelung. Nach Empfang derselben soll der Kranke das apostolische Glaubensbekenntniß sprechen:

Lieber Freund, dieweil unser heiliger Glaub ist aller guten Ding ein Fundament, ein Grundveste, auch ein Anfang alles Heils . . ., darum daß ihr gestärkt werdet in Festigkeit des Glaubens . . . ., so sprecht mir nach den Glauben (folgt das Credo).

Consequenter dicat Sacerdos: Lieber Freund N., also wollet ihr in dem Glauben beharren, festiglich bleiben, sterben und genesen wie es Gott fügen will, wollet ihr das thun? Respondet: Ja. Nun fürter um daß ihr in Stetigkeit des Glaubens und in allem Guten desto baß bewahrt seid, wollen wir Gott den Herrn treulich bitten, daß er euch einen guten Engel sende, der euch behüte und beschirme vor allem Uebel. Das wollet auch in wahrem Herzen begehren. Folgt Oratio pro angolica custodia.

Nach diesen Gebeten erinnere der Priester den Kranken, all' seine ganze Hoffnung auf Gott zu setzen, die Krankheit als eine Heimsuchung Gottes anzusehen u. s. w. Dann halte er ihm das Crucifix hin mit den Worten: Dies ist die Figur und das Zeichen des heil. Kreuzes, als unser lieber Herr Jesus die Marter und den bittern Tod für euch und alle Menschen gelitten hat an dem Stamm des heil. Kreuzes . . . Ihr sollt nit an der Barmherzigkeit Gottes verzagen, sondern all euere Hoffnung und Zuversicht in Gott setzen . . . und euer kleines Leiden opfern in das große Leiden Christi . . . Sollt Gott anrufen, daß er sein bitteres Leiden setzen woll zwischen euer Sünde und sein strenges Gericht und euch verleihen, solch sein Leiden andächtig zu betrachten, also daß ihr der Frucht des Leidens ewig theilhaftig werdet.

Subiungat. Ist also euer Glaub, Begierd und Will wie ich gesagt habe? Respondet: Ja. Tunc posset sacerdos si velit addere: Die unergründlich Barmherzigkeit Gottes des Vaters, das Verdienst des schmerzlichen Leidens U. H. J. Chr., das getreu Mitleiden Maria, das Verdienen aller Heiligen und der tröstlich Schirm des heil. Kreuzes sei mit euch in euern Nöthen und seient euch beschirmen vor allem Schaden an Leib und Seele. Amen.

Der 13. Abschnitt behandelt speciell die Exhortationen, welche an den Kranken zu richten sind; derselben sind vier: 1. daß wir alle dem Tode unterworfen sind; 2. sei dankbar auch für gegenwärtige Krank=

heit; du hätteſt auch plötzlich ſterben können; 3. denke an deine Sünden und ſuche ſie gut zu machen; 4. ſorge für dein ewiges Heil.

Es können auch folgende Interrogationen geſchehen, wie Gerſon ſagt: Dilecto vel dilecta, vis tu mori et vivere in soliditate fidei christianae; respondeat: volo etc., wie bekannt.

Es folgen noch Gebete, darunter die Bitte: Domine, paradisum tuum postulo, non ob valorem meorum meritorum, sed in virtute et efficacia tuae benedictissimae passionis etc.

Den Erfolg dieſes Handbuchs bekundet am beſten die Zahl der Ausgaben innerhalb eines kurzen Zeitraumes:

Ausgaben.

1503 Baſel bei M. Furter. — 1504 ebendaſelbſt.
1504 Augsburg bei ? — 1506 Baſel bei Furter.
1508 Straßburg bei J. Prüß. — 1508 Mainz bei J. Schöffer.
1514 Baſel bei Furter. — 1516 Straßburg bei J. Schott.
1520 Straßb. bei J. Knoblauch[1]).

---

[1]) Schmidt l. c. p. 393; Weller 264. 265. 365. 366. 451. 452. 844. 1019.

74

F. Die Schutzheiligen des glückseligen Todes.

Wie für alle Anliegen, so suchte die fromme Vorzeit ihre Fürbitter, ihre Schutzheiligen auch für das so wichtige Anliegen eines guten Sterbens. Unser Gesammtbild von der Litteratur der Sterbebüchlein schließt auch diesen Abschnitt nothwendig ein, doch darf derselbe kurz ausfallen, da die Schutzheiligen des guten Todes, St. Michael, St. Barbara und St. Christophorus vielfach anderweitig behandelt sind. Vgl. insbesondere: H. Samson, Die Schutzheiligen. Ein Beitrag zur Heiligen-Legende und zur Cultur- und Kunstgeschichte. Paderborn 1889.

1. Der Erzengel St. Michael.

Weit zurück in der christlichen Kirchengeschichte und überallhin begegnen wir der Verehrung des heil. Erzengels Michael [1]), unter andern Gründen, weil er der Schützer der abgeschiedenen Seelen, weil er ihr Vertheidiger gegenüber dem Teufel ist. Darum will Geiler, daß man diesen Engel neben dem Schutzengel zum Freunde sich mache, nämlich durch Gebet zu ihm. In Deutschland lag noch ein besonderer Grund der Verehrung vor, weil St. Michael als Patron des Reiches galt.

„Ein mensch sol," so belehrt uns Geiler von Kaisersberg, „sich fründ machen, sein gebet thun zu Christo seinem richter, zu Maria der mutter der barmherzigkeit, zu seinem eigenen engel (Schutzengel), zu Sant Michel vorusz, der da ist ein fürst der Kirchen, hat das amt die selen zu empfahen [2]), auch zu anderen heiligen, daß sie im beistehnlich seien in der erschrecklichen stund des totz."

Mit dieser Anschauung hängt zusammen die häufige Darstellung St. Michael's als des dereinstigen Seelenwägers [3]) auf den Wänden der Kirchen, sowie seine Verehrung als des Patrones der Begräbnißstätten, welche in der Erbauung der St. Michelskapellen ihren Ausdruck fand. Um nur Einiges anzuführen: auf einem alten Gemälde in Nördlingen wägt St. Michael ein Kind, das tief herabsinkt, obgleich der

---

[1]) St. Bonifatius weihte um 732 eine Kirche zu Amönaburg i. h. s. Mich. arch. Jaffé, Monum. Mog. p. 455.

[2]) Signifer s. Michael repraesentet animas in lucem sanctam. Offertor. missae de requiem. — Praepositus paradisi, qui praesentat animas ante Dominum. Caesar. Heisterb. Dial. 8, 45.

[3]) Das Sterbebüchlein, Leipzig 1494, schließt mit einem blattgroßen Bilde des h. Michael als Seelenwäger und einem Gebete zu demselben.

Teufel einen schweren Mühlstein in die andere Waagschale legt [1]),
während er in der Pfarrkirche zu Kiederich (Rheingau) gar einen ganzen
Thurm darauf legt, ohne die Schale herunter zu bringen.

Im heiligen Namenbuch des Konrad von Dangtrotzheim heißt es:

> Sanct Michael richtet auf seine Waag
> Und hänget sich der Teufel dran,
> Doch erreicht er nichts, der schwarze Mann,
> Umsonst ist sein Haschen nach armen Seelen,
> September mit Hieronymus sich thät empfehlen.

Zahllos sind die kleinen Kapellen, welche ehedem der fromme Eifer
der Altvordern allüberall (und jetzt noch zum guten Theil erhalten) auf
den Gottesäckern in der Ehre St. Michael's errichtete. Die durch Alter
und Bauweise hervorragendste Kirchhofskapelle dürfte St. Michael zu
Fulda sein, um 820 vom Mönch Racholf unter Leitung von Rhabanus
Maurus erbaut und durch Erzbischof Haistulf von Mainz am 15. Ja=
nuar 822 geweiht [2]); glücklich hergestellt 1854.

2. Die heil. Barbara, Patronin des guten Todes.

Als hinlänglich bekannt sei vorausgesetzt, daß die heilige Jungfrau
und Blutzeugin Barbara, welche zu den vierzehn Nothhelfern gehört,
seit unvordenklicher Zeit verehrt und angepriesen wird als jene Heilige,
deren Fürsprache bei Gott zu einem glückseligen Tode verhilft. Woher
das kommt, sagt uns ihre Legende. Sie hatte einen grausamen Vater,
welcher wegen des christlichen Glaubens die Tochter verfolgte und schließ=
lich eigenhändig enthauptete, nachdem zuvor ein Engel ihr die heilige
Communion im Kerker gereicht hatte.

Die christliche Kunst drückte dieses Patronat der Sterbenden aus,
indem sie der Heiligen einen von der Hostie überragten Kelch in die
Hand gab [3]). Denn der Christ will mit der heiligen Wegzehr gestärkt
die Reise in's himmlische Paradies antreten.

Wie weit diese Verehrung der heiligen Barbara als Patronin der
Sterbenden zurückgeht, wird sich nur schwer bestimmen lassen, wie auch
das Alter folgenden Gebetes:

---

[1]) Menzel, Christl. Symbolik II, 130; Wiegand, Der Erzengel Michael in der bil=
denden Kunst. Stuttg. 1886.

[2]) Will, Regesten der Mainzer Erzbischöfe; St. Michael, Patron der Begräbnißbauten
und der Thürme, im „Katholik" 1887. II, 547.

[3]) Artistisches in: Weber, Die Verehrung der heil. 14 Nothhelfer. Kempten 1886,
S. 49. Menzel, Christl. Symbolik I, 107 sieht im Kelche mit Hostie das Symbol des
Glaubens.

Heilige Barbara, du edle Braut,
Mein Leib und Seel' sei dir vertraut,
Sowohl im Leben als im Tod
Steh' mir bei in letzter Noth,
Wenn sich mein Seel' vom Leib abwendt,
Nimm dann sie auf in deine Händ',
Behüt' sie vor der Hölle Pein
Und führ' sie in den Himmel ein [1]).

Das heilige Namenbuch des Konrad von Dangkrotzheim sagt zum December:

St. Bärbel, die vermag zu stärken,
Denn wer in ihrem Dienste steht,
Nicht ohne Sacrament von hinnen geht.

Ein altes Gebet aus dem Hortulus, deutsch, Straßburg 1513, finde hier eine Stelle.

Gebet.

Herr almechtiger gott, wir biten dich durch die hilff deiner heyligen inngkfrawen und marterin sant barbara, uns zu beschirmen vor aller widerwertigkeit, also das wir durch ir gebett das allerlöblichest heilig sacrament unsers herren iesu christi fronleichnam und kostbar blutt vor dem ende unsers lebens mit worem glauben lauterer beycht wirdig werden zu empfahen. Durch unsern herren.

3. St. Christophorus, Patron gegen plötzlichen Tod.

Neben St. Barbara, der Schutzheiligen für glückseligen Tod, finden wir St. Christophorus überall im Mittelalter als den besondern Patron gegen den plötzlichen Tod verehrt. Das plötzliche Hinsterben ohne vorausgehenden Empfang der h. Sacramente, ohne vorausgehende Krankheit, welche die Seele läutert und zur Abtragung der Sündenstrafen so viel beiträgt, gilt dem christlichen Volke als ein unglückseliger Tod; daher kann man nicht genug Helfer haben, welche vor solchem Tode bewahren. Zu ihnen rechnete das Mittelalter den h. Christoph [2]).

Eine völlig ausreichende Erklärung der Beziehung dieses Heiligen zum christlichen Tode wollte mir nicht begegnen, genug, er galt den

---

[1]) Rousseau, Purpurviolen der Heiligen. Frankf. a. M. 1835. I, 129; doch gibt es auch erweiterte Fassungen dieses Gebetes.
[2]) Ueber den jüngst entdeckten St. Christophorus zu Niedermendig, 13. Jh., und die drei Christophorusbilder im Münster zu Bonn, 13.—16. Jh., vgl. Ztschr. f. christl. Kunst. I. Jahrg. S. 397 mit Abb. und S. 443.

frommen Gläubigen als besonderer Patron des glückseligen Verscheidens, ja, es bildete sich die eigenthümliche Anschauung, daß man an dem Tage, wo man St. Christoph's Bild anschaue, nicht plötzlichen Todes sterbe, daher frühzeitig auf dem Kunstgebiete das Bild des Heiligen, daher allenthalben in Kirchen, an Rathhäusern (am Markte) und Wohnungen der „große Christoph" weithin sichtbar.

Der erste mit Jahrzahl versehene Holzschnitt ist der vom Jahre 1423, genannt der „Buxheimer Christoph", weil er sich in einem Buche der Buxheimer Carthause bei Memmingen fand, von wo er in den Besitz des Lords Spencer in England kam [1]). Die Unterschrift lautet:

Cristofori faciem die quacunque tueris ꞉ millesimo cccc⁰
Illa nempe die morte mala non moreris ꞉ xx⁰ tercio.

An welchem Tage du Christophori Antlitz betrachtest, an demselben Tag wirst bösen Tods du nicht sterben 1423.

Auch der Kalender erinnerte an St. Christoph's Fürsprache, deshalb sagt Dangkrotzheim im heil. Namenbuch:

Desselben tages (25. Juli) soltu han
Christoforum den großen man
Der cristum uff sine achseln treit.
Wer den ansiht, dem geschiht kein leit
Des tages, so er sin antlit siht. [2])

Doch will sich nur eine einzige gedruckte Legende des Heiligen finden; sie erschien 1520 zu Landshut bei dem geistlichen Drucker Joh. Weyssenburger in Form eines Gedichtes (11 Bogen Quart) mit 31 Holzschnitten unter dem Titel:

Sant Christoffs ge
purt und leben mit vil figuren gar
lustig zu lesen in reim Weiß [3]).

---

[1]) Ob die Zahl 1423 auf Herstellung des Schnitts Bezug nimmt, wird bezweifelt. Fallenstein, Gesch. der Buchdr. S. 16 mit Abbild.
[2]) Siemens, die Legende vom h. Chr. u. die Plastik u. Malerei. Hannover 1868; Weber, die Verehrung der hl. 14 Nothhelfer. Kempten 1886, S. 27. 51; Baudri, Organ f. christl. Kunst 1858; van Heukelum, van sante Christoffels Beelden. Utrecht 1865; Gleichii diss. de Magno Christophoro; Vulpius, Curiositäten I, 295; II, 553; V, 639; Kirchenlexicon II, 239.
[3]) Weller 1347; man kennt nur ein einziges Exemplar, zu München, welches mir vorlag.

Beilagen.

Beilage 1.

Niederdeutsche Schriften.

Auch auf dem niederdeutschen Sprachgebiete begegnen wir dem Sterbebüchlein in mehrfacher Gestalt.

1. Sterfboeck.

In mehreren Ausgaben erschien: „Een notabel boeck ghenoemt dat sterf boeck"; am Schlusse des Druckes heißt es: zum Lobe Gottes und Besserung der Christenmenschen ist „dit boec hat genoemt is Ars mo= riendi, dats (d. i.) die conste van sterven" vollendet zu u. s. w.

Ausgaben des „Sterfboeck".

1488 zu Delft bei Eckert v. Homberg, 168 Bl. in 4.
1488 zu Zwolle bei Pet. van Os, 90 Bl. in Folio.
1491 zu Zwolle bei Pet. van Os, 84 Bl. in Folio.[1]

2. Rechte conste om . . . . salich te sterven.

Die von Bruder Laurentius aus dem Predigerorden, Beichtvater des Herzogs Philipp von Burgund, verfaßte Somme le roye wurde auch in's Holländische übersetzt:

Des Coninx Summe.

Dieses religiöse Lehrbuch handelt von den zehn Geboten, vom Glauben, von den Hauptsünden und wie der Mensch soll sterben lernen. Von des Konings Summe erschienen Ausgaben:

1478 zu Delft
1481 zu Hasselt
1482 zu Delft
1484 zu Haarlem
1485 zu Antwerpen.

---

[1] Campbell, Annales de la typographie néerlandaise 1619—21; Weigel S. 16.

Von dem letzten Abschnitte:

Voelmaecte enbe rechte conste om wel
te connen leven enbe salich te sterven.

erschien ein Sonderabbruck um 1488 zu Hasselt bei Peregrin Barmentlo,
12 Blätter in Quart [1]).

Beilage 2.

Die Schriften über die Vier letzten Dinge.

Im engsten Zusammenhange mit den Sterbebüchlein stehen die
Schriften über die Vier letzten Dinge, Tod, Gericht, Himmel und Hölle.
Sie bilden eine eigene Gruppe in der Wiegendruckzeit, zusammengefaßt
unter dem Schlagwort: Cordiale seu Liber quatuor novissimorum,
auch: Cordiale de quatuor novissimis. Ihr Text beginnt mit: Memorare novissima et in aeternum non peccabis, doch bildete sich
daraus nicht Memoriale, sondern es kam, vielleicht auf Grund der Stelle
bei Jsaias 47, 7: Babylon non recordata es novissimi tui, die
Bezeichnung Cordiale auf. Hain verzeichnet 22 lateinische Cordiale
allein bis 1500 [2]).

Die deutschen Schriften über die letzten Dinge geben ihren Inhalt
unter verschiedenen Titeln, wie aus nachfolgender Zusammenstellung
erhellt. Es dürfte genügen, die diesbezüglichen Schriften nur nach ihren
Titeln vorzuführen.

1. Auszug von dem tractat zu latein genant Tractatus quatuor
novissimorum das sind die vier lezten Ding von dem tobe, von dem
jüngsten gericht, von der hell u. von der ewigen freud u. glorie.
Augsburg 1473.

„   1476.

Panzer, Augsb. I, 25. 40.

2. Büchlein von dem sterbenden Menschen; ohne Ort und Jahr,
96 Blätter 4. Sein ganzer Inhalt weist es, trotz des Titels, in diese
Gruppe. Große Initialen bezeichnen die Abschnitte. Zu Ende des
Abschnittes über den Tod, Blatt 22, die Verse:

Wärst als (so) schön als (wie) Absalon
Und als stark als Samson
Und hettest Alexanders gewalt
Auch Salomons weißheyt manigfalt

---

[1]) Campbell 446. — [2]) Hain 5691—5713.

Und kündest Galienus kunst d'arezney
Und darezu die alchamey
So wärstu doch dem Tod geleych
Das söllen mercken arm und reich. [1]

Darauf kommen die Abschnitte über Gericht, Himmel und Hölle mit je einem einfachen Bilde.

Diesem Büchlein findet sich vielfach beigedruckt Meister Hans Mun=singers (von Ulm) Paternoster=Erklärung, weshalb man ihn (um 1384) auch zum Verfasser des vorausgehenden Büchleins gemacht, jedoch mit Unrecht [2].

Es gibt vier Ausgaben, alle ohne Ort und Jahr.

3. Eyn spiegel aller leshebbere der sundigen werlde.
Magdeburg, Sim. Mentzer 1493. 33 Bl. 8.

Unter dem Titel ein Holzschnitt, welcher in drei Feldern den Tod, das jüngste Gericht und die Hölle vorstellt. Auf der Rückseite des Titels findet sich der Inhalt des Buches angegeben, jeder Sünder solle an die vier letzten Dinge: Tod, Gericht, Himmel und Hölle denken.
Bruns, Beiträge S. 178; Götze, S. 58.

4. Ein Allerhailsamste Warnung vor der falschen lieb dieser Welt.
12 Blätter 4, mit 3 Holzschn., o. O. u. J.

Der 1. Holzschn.: zechende Gesellschaft, Kosende, unten steht ein Sarg mit Leichnam; der 2.: Hölle; 3.: Himmel, Gott theilt Kronen aus.
Straus, Mon. typogr. in Rebdorf p. 97.

5. Der Spiegel der Seelen. Köln 1520 bei P. Quentel. Eine nicht genannte Frau ließ dieses Büchlein drucken, sie „begert eyn Pater noster und eyn Ave maria umb gotz wille"; es ist getheilt in 16 Theile, da=von Theil 3 von dem Tode, 4 noch von dem Tode, 5 von der Kunst des Sterbens, 6 wie man beichten soll, 7 etzliche vraegen zo den kranken, 8 von den 5 bekorungen des duvels mut troistunghen des engels, 9 wie man den kranken de kerze in die hand guft u. s. w. [3]

6. Titelloses Gedicht mit Bildern, 8 Blätter, ohne Ort und Jahr. Das erste Bild: Jüngling und Mädchen in freudigem Verkehr; das zweite: Hölle; das dritte: Mädchen von Schlangen geplagt, eine Schlange entwindet sich seinem Munde: O Todes Noth über alle Noth; letztes

---

[1] Straus, Mon. typogr. in Rebdorf, p. 95—96.
[2] Hain 11626—11629; Zapf, Schwaben S. 150; Panzer I, 25. 29; III, 10. Götze S. 70. 72.
[3] Herr Cohn in Berlin sandte mir das noch läufliche Ex. hierher; vgl. Cat. Cohn 184 (1887); es hat 48 Blätter 4, mit 12 blattgroßen und 7 kleinern Holzschnitten; Panzer III, 167 nebst weiterer Litteratur.

Bild: Chriſtus als Richter und Begnadiger. Die Hölle ſpricht unter
Anderm:

> Ihr lieben Kinder dieſer Welt,
> Sehent an dies grauſam Gemäld,
> Beide: jung und alt, rych und armen,
> Und lond (laßt) uch myn Herzleid erbarmen. [1]

Niederdeutſche Ausgaben der Vier letzten Dinge.

Sie ſind betitelt: Die vier uterſte ofte die leſte Dingen.

1477 zu Gouda.   1488 zu Delſt.
1482 zu Gouda.   1488 zu Antwerpen.
1483 zu Antwerpen. 1491 zu Zwolle. [2]
1486 zu Delſt.   1510 zu Hamburg. [3]

*

Von den Vier letzten Dingen erfuhr das letzte, die Hölle, noch eine
beſondere Bearbeitung; es genüge auch hier die Wiedergabe der Titel.

1. Puch der peyn der ſelen und von den freuden der erwelten und
iſt zu latein genant Viſio Tundali.
Augsburg 1476. [4]

2. Die verdambt Seel. — Am Ende: Gedruckt zu Augsburg u. ſ. w.
Augsburg 1497. [5]

3. Claghe und droffeniſſe (Betrübniß) der verdomeden ſelen.
Magdeburg 1490—1503. [6]

4. Von den peinen ſo do bereit ſeint allen denen die do ſterben
in todſünden.
Straßburg 1506 und 1509. [7]

5. Johann von Leonrod, Himmelwagen, auf dem wer wol lebt und
wol ſtirbt, fährt in das Reich der Himmel; Höllwagen, auf dem mer
übel lebt und übel ſtirbt, fährt in die ewige Verdammniß.
1517 Augsburg. 1518 Augsburg. [8]

---

[1] Fiſcher, Typogr. Seltenheiten II, 69.
[2] Hain 5715—5718; Holtrop, Cat. index p. 293 novissima.
[3] Muther, Bücherilluſtration Nro. 1688; Panzer III, 118.
[4] Kloß 4523. — [5] Zapf, Augsb. I, 122; Hain 14580; Panzer III, 84.
[6] Göße S. 60. — [7] Panzer I, 302; III, 103; Weller 354 : 1506.
[8] Zapf, Augsb. II, 97. 105; Panzer I, 401. 415; III, 148; Rudolph Weigel's
Kunſtkatalog (Nro. 27) 20773. Verſchieden davon: Der Himmelswagen 1519 zu Nürnberg.
Panzer I, 423.

6. Ein schon buchlen vom jungsten gericht, wy groß iamer und
weklagen alle verdampten menschen haben werden unb die verloren tzeit
so in hye uff erden gehabt heben.

1512 Leipzig. [1])

Beilage 3.

Des Magisters Matthäus von Crocove ars moriendi.

Mit der Eingangs dieser Arbeit behandelten Ars moriendi wird
mehrfach der Name des Magister Matthaeus de Cracovia geradezu als
des Verfassers in Verbindung gebracht.

Matthäus, aus der adeligen Familie Pommern's von Chrochove,
gilt in Folge der lateinischen Form seines Namens M. de Crocovia
gewöhnlich, aber irrthümlich, für einen Polen (von Krakau). Er studirte
in Prag, wo er 1367 magistrirte, und nachher in Paris [2]). Von Paris
veranlaßte ihn König Ruprecht von der Pfalz, nach Heidelberg überzu-
siedeln, wo er den Okkamismus vertrat [3]) und der 34. Rector wurde.
Dieser Hochschule schenkt er auch seine Bücher [4]). Im Jahre 1405
wählten ihn die Wormser Domherren zum Bischof, als welcher er am
5. März 1410 starb [5]).

Matthäus gehört zu den bedeutenderen Männern seiner Zeit durch
litterarische wie amtliche Thätigkeit. Schwab, sylloge rectorum Heidel-
bergensium p. 35 rühmt ihn als pastor verus et intrepidus, ut pontifex
stans inter vivos et mortuos während der Pest in Heidelberg [6]). Er nahm
Theil an der Synode zu Pisa und predigte bei der Kaiserkrönung zu
Rom. Seine theologischen Tractate sind in zahllosen Handschriften auf
den Bibliotheken, besonders München und Wien, erhalten, und einige
wurden frühzeitig, der Tract. racionis et consciencie de Eucharistiae
sumtione beginnend: „Multorum tam clericorum", sogar noch von
Gutenberg (Fischer, Typograph. Seltenheiten III, 79) gedruckt.

---

[1]) Panzer I, 340.
[2]) Budinszky, Die Universität Paris und die Fremden S. 151.
[3]) Stöckl, Lehrbuch der Geschichte der Philosophie. 1870, S. 486.
[4]) Kayser, Histor. Schauplatz S. 156; Willen S. 18. 19. 50.
[5]) Schannat, Episc. Worm. I, 407.
[6]) Vgl. auch Scheuffgen, Beitr. zur Gesch. des großen Schisma's, 1889; Lorenz.
Geschichtsquellen II, 316.

Ich habe nun, um in die Sache Klarheit zu bringen, von der in Ennen, Incunabeln der Stadtbibliothek zu Köln S. 31 verzeichneten Incunabel Mag. Matthei de Cr. de arte moriendi Einsicht genommen; sie beginnt: Cum de presentis exilii miseria mortis transitus propter moriendi imperitiam etc. Das ist Capranica's Ars! Vgl. oben S. 24. Die weitere Durchsicht bestätigt diese Annahme vollauf. Wer zuerst den Matthäus als Verfasser substituirte, das bedarf weiterer Untersuchung. Vgl. übrigens Dutuit S. 67; Bodemann S. 22.

www.ingramcontent.com/pod-product-compliance
Lightning Source LLC
Chambersburg PA
CBHW020258090426
42735CB00009B/1127